Paris by night!
THOUMIEUX
PROVONT
BLANC DES VOSGES

DAS BESTE VON PARIS IN 6 ROUTEN

HAPPY TIME GUIDE PARIS

Raus aus dem Hotel und direkt los in die schönsten Ecken der Stadt! Auf dem Weg in neue Restaurants, zum besten Kaffee und zu lokal gebrautem Bier. Bei **happy time guide** teilen unsere lokalen Autoren aus Liebe zu ihrer Stadt echte Highlights mit dir. So überspringst du die überfüllten Nullachtfünfzehn-Shoppingmeilen und findest während des Spaziergangs entlang von Sehenswürdigkeiten die schönsten Adressen, die bei den Einheimischen angesagt sind. Genieß jede Sekunde und hol aus deinem Städtetrip alles heraus!

AUF NACH PARIS!

Du wirst Paris entdecken! Die Stadt der Prachtstraßen, weltberühmten Denkmäler und des La Vie parisienne. Natürlich starten wir mit einer Tasse Kaffee und einem Croissant auf einer Terrasse in den Tag, so wie die Einheimischen. Wir shoppen in prächtigen Läden berühmter Modeschöpfer und kleineren Vintage-Boutiquen in schönen Vierteln. Ein Museumsbesuch darf nicht fehlen, genauso wie der Spaziergang in einem der vielen Gärten und Parks. Lecker essen oder ein gutes Glas Wein, das geht in Paris wirklich überall. Und wir zeigen dir, wo!

Happy time guide lässt dich die Stadt auf schönen Spaziergängen im eigenen Tempo erkunden und bringt dir den Pariser Lifestyle näher. Ohne dass du etwas vorbereiten musst. Wir führen dich auf unseren Touren zu unseren Lieblingsrestaurants, Cafés, Museen, Geschäften und Sehenswürdigkeiten: an die Orte, die wir selbst gern besuchen, um eine schöne Zeit zu verbringen. Vielleicht begegnen wir uns sogar!

Keine der Adressen, die wir beschreiben, hat für die Erwähnung bezahlt, weder für Text noch für Fotos. Sämtliche Texte wurden von einer unabhängigen Redaktion verfasst. Und das gilt nicht nur für die Adressen, sondern auch für sämtliche Informationen und Tipps, die wir dir in diesem Guide geben.

Best tips ever!

STADT
PARIS

JOB & TÄTIGKEITEN
(MODE)STYLISTIN UND AUTORIN

LOCAL
ROOSJE NIEMAN

Als großer Fan von Mode, Museen und Joie de Vivre tauschte Roosje die Niederlande gegen die Stadt der Liebe ein. Gern schlendert sie durch hübsche Gassen auf der Suche nach einer schönen Terrasse zu einem Kaffee oder Apéro. Mittlerweile ist ihr die Stadt so vertraut, dass sogar ihre Pariser Freunde sie gern nach einem guten Tipp fragen.

PRAKTISCHE INFOS

Mit den sechs Touren aus diesem Guide kannst du die schönsten Ecken der Stadt zu Fuß entdecken. Die Touren führen dich entlang an Museen und Sehenswürdigkeiten, zeigen dir aber vor allem auch, wo du gut essen und trinken, shoppen, genießen und Schönes erleben kannst. Auf der Übersichtskarte vorn im Guide kannst du sehen, durch welche Stadtteile die Strecken verlaufen.

Jede Tour wird am Anfang des jeweiligen Kapitels auf einem detaillierten Plan gezeigt. Auf diesem Plan sind auch alle Adressen aufgeführt. An der Farbe der Kreise kannst du erkennen, um was für eine Adresse es sich handelt (siehe Legende unten auf dieser Seite). Weiter im Kapitel wird jede Adresse immer ausführlich beschrieben.

Ohne ausführlichen Besuch dieser Adressen dauert jede Tour maximal drei Stunden. Die Entfernung in Kilometern findest du oben in der Streckenbeschreibung.

Um dir eine Vorstellung von den Preisen in Restaurants zu geben, findest du bei diesen Adressen immer auch Preisangaben. Wenn nicht anders angegeben, handelt es sich um den Durchschnittspreis für ein Hauptgericht. Bei den Eintrittspreisen für Sehenswürdigkeiten ist der Normaltarif aufgeführt, ermäßigte Tarife werden nicht erwähnt.

WICHTIGE FAKTEN

Paris besteht aus dem Gebiet innerhalb von zwei Ringboulevards, die um die Stadt führen: dem Boulevard Extérieur und der Périphérique. Die Viertel außer-

LEGENDE

- >> SEHENSWÜRDIGKEITEN
- >> ESSEN & TRINKEN
- >> SHOPPEN
- >> FREIZEITTIPPS

halb dieser Ringboulevards werden Banlieues genannt. Der Fluss Seine teilt die Stadt in das Rive Droite (rechtes Ufer) und das Rive Gauche (linkes Ufer). Paris ist in zwanzig Arrondissements eingeteilt. Jedes trägt einen Namen und eine Nummer. Das erste heißt Louvre und befindet sich im Zentrum. Die Nummerierung verläuft in einer Spirale im Uhrzeigersinn durch die Stadt. Auf den Straßenschildern steht immer auch die Nummer des Arrondissements.

Die meisten Geschäfte öffnen gegen 10 Uhr und schließen gegen 19.30 Uhr. Die arabischen Lebensmittelhändler bilden eine Ausnahme, sie haben bis Mitternacht geöffnet. Viele Lebensmittelgeschäfte und Märkte haben am Sonntagmorgen auf, sind montags jedoch geschlossen. Im Judenviertel Le Marais und in Montmartre haben die meisten Geschäfte sonntags geöffnet. Im August sind viele Restaurants, Cafés und Geschäfte (Bäcker und Metzger) wegen der Urlaubszeit geschlossen. Das solltest du bei der Reiseplanung berücksichtigen.

Zweimal im Jahr ist in Frankreich Schlussverkauf: drei Wochen im Juli/August und drei Wochen im Januar. Bei diesen Sales kannst du echte Schnäppchen machen. Informiere dich vorher über den genauen Zeitraum.

MUSEEN

Paris ist ein Paradies für Museenliebhaber. Du findest prächtige, renommierte Museen. Achte auf die Öffnungszeiten: Manche Museen haben montags geschlossen, andere wiederum dienstags. Dahinter steht keine Logik. Der Paris Museum Pass (www.parismuseumpass.com) bietet Zugang zu mehr als sechzig Sehenswürdigkeiten. Ein Pass für zwei Tage kostet 52 Euro, für vier Tage 66 Euro und für sechs Tage 78 Euro. Für Sonderausstellungen innerhalb ständiger Sammlungen musst du aber oft zusätzlich zahlen. Der Pass ist an den Kassen der teilnehmenden Museen und Denkmäler sowie im Touristenbüro in 25, Rue des Pyramides, erhältlich. Wenn du nicht gern in der Schlange stehst, schau im Internet im Voraus nach Tickets. Dann kommst du oft durch einen separaten Eingang ins Innere. Bei vielen Museen ist der Eintritt für unter 26-Jährige aus der EU kostenlos. Außerdem bieten viele Museen Rabatte für Behinderte und Menschen ab 60 Jahren. Ebenso gibt es Museen, die am ersten Sonntag des Monats für jedermann kostenlos geöffnet sind.

FRANZÖSISCHE (ESS-)GEWOHNHEITEN

Franzosen lieben es, zu essen und darüber zu sprechen. Der Akzent liegt auf zwei Mahlzeiten: dem Mittagessen (*le déjeuner*) und dem Abendessen (*le dîner*). *Le petit déjeuner* (das Frühstück) ist ziemlich überschaubar: eine Tasse Kaffee, Tee oder Kakao mit einem Tartine (Stück Baguette mit Marmelade) oder Croissants. So isst man zu Hause und auch im Café. Die Cafés haben oft schon früh geöffnet. Viele Menschen stehen morgens mit Kaffee und Croissant an der Bar. Das ist vielleicht nicht so gemütlich wie an einem Tisch, aber etwas preiswerter: Der Unterschied beträgt oft den halben Preis. Bestell einen Café (einen Espresso), einen *Cafe allongé* (einen Espresso, mit Wasser verlängert), einen *Café Crème* (mit warmer Milch), einen *Café au lait* (mit kalter Milch) oder einen *Noisette* (eine kleine Tasse mit einem Hauch kalter Milch). Mittags gehen die Franzosen zum Essen aus. Zwischen 12.30 und 14.30 Uhr herrscht in den Restaurants Hochbetrieb. Ein traditionelles französisches Mittagessen besteht meist aus drei Gängen. Du kannst aber auch nur eine Vorspeise (*Entrée*) oder ein Hauptgericht (*Plat*) bestellen. Schau auch immer nach dem *Menu du jour* oder der *Plat du jour* (dem Tagesgericht). Pariser arbeiten abends oft lange und essen in der Woche nicht vor 20 Uhr zu Abend. Die Restaurants öffnen gegen 19.30 Uhr. Am Wochenende wird es meist nach 21.00 Uhr voller. Pariser gehen gern zum Essen aus, deshalb sind die Restaurants oft voll. Wenn du dir einen Platz sichern willst, solltest du rechtzeitig reservieren. Wichtig: Lass dich im Restaurant immer von einem Ober an deinen Platz bringen, setz dich nicht einfach irgendwohin.

FEIERTAGE

Neben den beweglichen Feiertagen Ostern, Pfingsten und Himmelfahrt gibt es in Frankreich folgende offizielle freie Tage:

Neujahr > 1. Januar
Tag der Arbeit > 1. Mai
Tag der Befreiung (Waffenstillstand 1945) > 8. Mai
Nationalfeiertag > 14. Juli
Mariä Himmelfahrt > 15. August
Allerheiligen > 1. November
Waffenstillstand (1918) > 11. November
Weihnachten > 25. Dezember

Am 21. Juni feiert Paris das Fête de la Musique. Auf Straßen, in Cafés und Bars, in Sälen und zu Hause – überall wird Musik gemacht, es wird getrunken und auf der Straße getanzt.

Vom Abend des 13. Juli kann man beim Bal des Pompiers bis in den frühen Morgen des 14. in den Feuerwehrkasernen tanzen. Am 14. Juli werden in der Stadt die unterschiedlichsten Feste veranstaltet.

Um Dreikönig **(6. Januar)** quellen die französischen Bäckereien über von Galettes des Roi: Torten mit eingebackenen Porzellanfiguren (*Fève*). Nach der Tradition muss das jüngste Familienmitglied den Tischgenossen die Kuchenstücke zuteilen. Wer die Fève in seinem Stück findet, wird König.

HAST DU NOCH TIPPS?

Wir haben diesen Guide so sorgfältig wie möglich zusammengestellt. Aber das Angebot an Geschäften und Restaurants wechselt regelmäßig. Wir versuchen, diese gedruckte Ausgabe so oft wie möglich zu aktualisieren.

Skate and be happy!

Sollte eine Adresse trotzdem nicht mehr auffindbar sein, oder wenn du andere Anmerkungen oder Tipps für diesen Guide hast, teile uns das gern mit. Sende uns eine E-Mail an lektorat@verlagshaus.de oder schreibe uns an Bruckmann Verlag, Postfach 40 02 09, D-80702 München.

VERKEHR

ZUG

Von Köln oder von Amsterdam aus kannst du schnell und bequem mit dem Thalys nach Paris reisen. In etwas mehr als drei Stunden erreichst du Paris und das mehrfach am Tag. Ankunftsbahnhof ist die Gare du Nord mit guter Anbindung zum Stadtzentrum. Tickets sind ab 35 Euro erhältlich.

METRO/BUS

Paris ist nicht nur die Stadt der Liebe, sondern auch DIE Autostadt. Um die Verkehrsströme einigermaßen einzudämmen, hat die Stadt ein verlässliches öffentliches Nahverkehrsnetz mit **Metro**, Expressmetro (RER) und **Bussen** entwickelt. Für alle Arten des öffentlichen Nahverkehrs kannst du dasselbe Ticket verwenden. Du erhältst es an den Schaltern oder Automaten in der Metro und an den RER- und Busstationen des Pariser Verkehrsbetriebes RATP. Nutzt du die öffentlichen Verkehrsmittel häufig? Dann kauf dir ein *Carnet de Dix* (Zehnerkarte). Die **Metro** verkehrt täglich von 5.30 bis ungefähr 1 Uhr und samstags bis 2 Uhr. Sonntags ist der Takt der Metro nicht so eng. Fahrkarten gelten für eine Fahrt. Umsteigen ist erlaubt, wenn du unter der Erde bleibst. Die **RER** ist eine schnelle Metro, die dich in die Vorstädte bringt, aber auch innerhalb von Paris genutzt werden kann. Die RER-Linien haben erheblich weniger Haltestellen als eine Metro-Linie. Die RER fährt von 4.45 bis 1 Uhr. Die vielen **Busse** sind enorm praktisch, auch um die Stadt zu besichtigen. Einen Plan der Metro- und RER-Linien findest du hinten in diesem Stadtführer. Das Pariser Metro-Unternehmen RATP bietet eine kostenlose App an: *Visiter Paris en Métro*. Sehr praktisch!

TAXI

Paris ist in Bezug auf Taxipreise ziemlich günstig. Es ist auch ganz einfach, eines der 15.000 Taxis anzuhalten. Wenn das Lämpchen und der Leuchtbalken auf dem Dach des Autos leuchten, ist das **Taxi** frei. Ist das Lämpchen an, der Balken jedoch nicht, ist das Taxi besetzt. Telefonische Bestellung: zum Beispiel Taxis G7 (+33 141276699).

RAD FAHREN

Paris wird immer mehr zur Fahrradstadt. Mittlerweile führen gut 400 Kilometer Radwege (*Pistes cyclables*) durch die Stadt. Jeden Sonntag werden verschiedene Straßen wie am Canal Saint-Martin für den Autoverkehr gesperrt. Der durchschnittliche Pariser Autofahrer ist jedoch noch nicht an Radfahrer gewöhnt, pass daher immer gut auf! Manchmal enden Radwege abrupt oder verlaufen über den Bürgersteig. Fußgänger erkennen das Geräusch eines Fahrrads oft nicht sofort, also das Wort „Attention" auf den Lippen haben, um Leute warnen zu können.

Die Stadt hat ein System mit über 20.000 **Leihfahrrädern**, verteilt auf 1.800 Stationen: Vélib' (www.velib-metropole.fr). Im Zentrum sieht man überall Fahrradständer mit grauen Rädern und einer Säule mit Infoschirm. Das System ist ganz einfach. Mit deiner Kreditkarte kaufst du vor Ort ein Abo für einen Tag oder die Woche und nimmst ein Rad – neben einer grünen Lampe – aus dem Ständer. Du zahlst, bis du das Fahrrad wieder in einen beliebigen Vélib'-Ständer zurückstellst. Achte darauf, dass die grüne Lampe am Ständer wieder leuchtet, sonst wird es ein teurer Spaß! Die erste halbe Stunde ist kostenlos, die nächste kostet 1 Euro. Danach wird es immer teurer. Vélib' lohnt sich also vor allem für kurze Fahrten. Seit 2014 gibt es auch P'tit Vélib' für Kinder von 2 bis 8 Jahren. Diese Kinderfahrräder findest du zum Beispiel an der Berges de Seine, im Bois de Boulogne oder am Canal de l'Ourcq. Mehrere Unternehmen bieten auch Elektroroller an. Auch sie können überall in der Stadt gemietet werden. Erkundige dich beim jeweiligen Anbieter nach den Tarifen und Bedingungen.

In Paris gibt es immer mehr Angebote an geführten Radtouren. Außerdem gibt es verschiedene Fahrradläden und andere Organisationen, bei denen ein Rad geliehen oder eine Tour gebucht werden kann, z. B. Holland Bikes (www.hollandbikes.com), Paris Bike Tour (www.parisbiketour.net) und Paris à Vélo c'est Sympa! (https://parisavelo.fr). Alle Unternehmen bieten Touren auf Deutsch!

TOP 10	KUNST & KULTUR

1 Besuche den Denker im **Musée Rodin**. > S. 105

2 Bestaune die riesige Uhr im **Musée d'Orsay**. > S. 106

3 Im **Le Grand Palais** gibt es oft tolle Ausstellungen. > S. 109

4 Eine Foto-Ausstellung im **LE BAL** ist beeindruckend. > S. 34

5 Schlendere durch das berühmte **Musée du Louvre**. > S. 42

6 Bewundere die außerordentliche **Fondation Louis Vuitton**. > S. 138

7 **Le Centre Pompidou** zeigt zeitgenössische Kunst. > S. 62

8 Genieße den Blick von den Treppen vor **Sacré-Cœur**. > S. 25

9 Erlebe tolle Ausstellungen im **Palais de Tokyo**. > S. 102

10 Entdecke Wissenschaft, Film und Musik im **Parc de la Villette**. > S. 141

TOP 10 RESTAURANTS

1 Entdecke die Talente eines jungen Kochs im **Frenchie** > S. 65

2 Iss bei **Derrière** neben der Tischtennisplatte! > S. 65

3 Genieße die schöne Terrasse von **LouLou**. > S. 49

4 Bestelle im **Bouillon Chartier** was typisch Französisches. > S. 46

5 Hip lunchen mit Einheimischen im **Season**. > S. 69

6 Ein Verwöhn-Menü bei **Le Chateaubriand**. > S. 129

7 Speise wie die Einheimischen im Restaurant **Chez Janou** > S. 69

8 Das **Miznon** serviert die leckersten Pita-Brote. > S. 66

9 Genieße Luxus und Aussicht beim hippen **Georges**. > S. 66

10 Speisen im geheimen Innenhof: **Le Très Particulier**, > S. 28

TOP 10 | **SONNTAG**

1 Beginne den Tag mit einem Macaron bei **Ladurée** > S. 117

2 Besuche den **Marché d'Aligre** und **Le Baron Rouge** > S. 142

3 Genieße ein Essen im **Le Marché des Enfants Rouges** > S. 77

4 Spaziere am **Canal Saint-Martin** und dem **Bassin de la Villette** entlang > S. 136 und S. 133

5 Picknicke im **Parc des Buttes-Chaumont** > S. 133

6 Lust auf eine Ausstellung? Geh ins **Fotomuseum MEP** > S. 64

7 Nimm dir Zeit für einen Kaffee oder Tee mit Kuchen im **Carette** > 4, Place du Trocadéro

8 Genieße einen Apéro auf der Terrasse des **Café de Flore** > S. 89

9 **Le Mary Céleste** serviert köstliche Cocktails > S. 69

10 Genieße einen Jazz-Brunch im **La Bellevilloise** > S. 135

TOP 10 AUSGEHEN

1 Tanz unter einer Seinebrücke bei **Faust** > S. 110

2 Ausgehen in der **Brasserie Barbès** > 2, Boulevard Barbès

3 Im **Sunset Sunside** Jazz genießen > 60, Rue des Lombards

4 Cocktails an der **Candelaria-Bar** schlürfen > 52, Rue de Saintonge

5 Tanzen in den **Rooftop-Clubs** in La Cité de la mode et du design > 32, Quai d'Austerlitz

6 **L'Olympia** ist ein legendärer Konzertsaal > S. 57

7 Entdecke die Tanzbars in **La Machine du Moulin Rouge** > 90, Boulevard de Clichy

8 Einen französischen Film im **Cinéma Studio 28** ansehen > S. 34

9 Internationales Variété im **Le Crazy Horse** > 12, Avenue George V

10 Tanzen unter trendigen Parisern in **Les Bains Douches** > 7, Rue du Bourg l'Abbé

ROUTE 1

BATIGNOLLES & MONTMARTRE

INFOS ZUR ROUTE

Diese Tour führt durch das 17. (Batignolles) und das 18. (Montmatre) Arrondissement. Die Strecke durch Batignolles ist vor allem interessant, wenn du schon häufiger in Paris warst und einmal in ein angesagtes Wohnviertel mit schönen Läden und hippen Restaurants eintauchen möchtest. Wenn du zum ersten Mal in der Stadt bist, kannst du die Tour auch beim Herrenausstatter **Hast** (Adresse 6) beginnen und nur das Künstlerviertel Montmartre besichtigen.

DIE VIERTEL

Das Wohnviertel Batignolles wird bei jungen Familien immer beliebter. Man trifft sich in hippen Restaurants. Der schönste Teil des Viertels liegt zwischen der Markthalle und dem **Parc des Batignolles**, wo du viele Cafés und Läden findest. Rund um diesen Park gibt es immer Veranstaltungen, zum Beispiel Antikmärkte.

La Butte (der Hügel) von Montmartre im 18. Arrondissement thront über allem. Vor einem Jahrhundert war dieses Viertel mit den verwinkelten Gassen und seiner umwerfenden Aussicht noch ein Dorf außerhalb von Paris. Ende des 19. Jahrhunderts war es ein Magnet für Künstler wie Cézanne, van Gogh, Renoir und Toulouse-Lautrec. Letzterer verewigte das Theaterleben in seinen Bildern. Die Anziehungskraft von Montmartre auf Künstler ist geblieben. Hier leben Maler, Fotografen, Regisseure und Journalisten. Diese Atmosphäre atmest du auf dem **Place du Tertre** ein. Der Besuch von La Butte bedeutet ein Auf und Ab durch Gassen. Die Belohnung ist einzigartig, der Ausblick vom höchsten Punkt von Paris bei **Sacré-Cœur** ist fantastisch!

Montmartre ist durch die unterschiedlichen Läden und Cafés reizvoll. Auf der **Place des Abbesses**, dem nicht touristischen Zentrum des Viertels, sorgen Straßenmusikanten für eine tolle Atmosphäre. Auch die schöne Architektur in der **Avenue Junot** und **Villa Léandre** trägt zum einzigartigen Charakter bei. Viele Bewohner

kennen einander, das schafft eine dor
Montmartre, wie die Fête des Vendag
ist außerdem für sein Nachtleben bek
Place Pigalle findet man hauptsächlic
aber auch Adressen für einen tollen A
kann man die Atmosphäre des Viertel

WENIG ZEIT? DAS SIND DIE HI
Place du Tertre + Basilique du Sacr
+ Cimetière de Montmartre + ein D

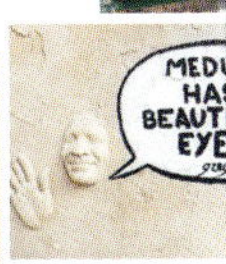

I'm in love
with cities
I've never
been to &
people I've
never met

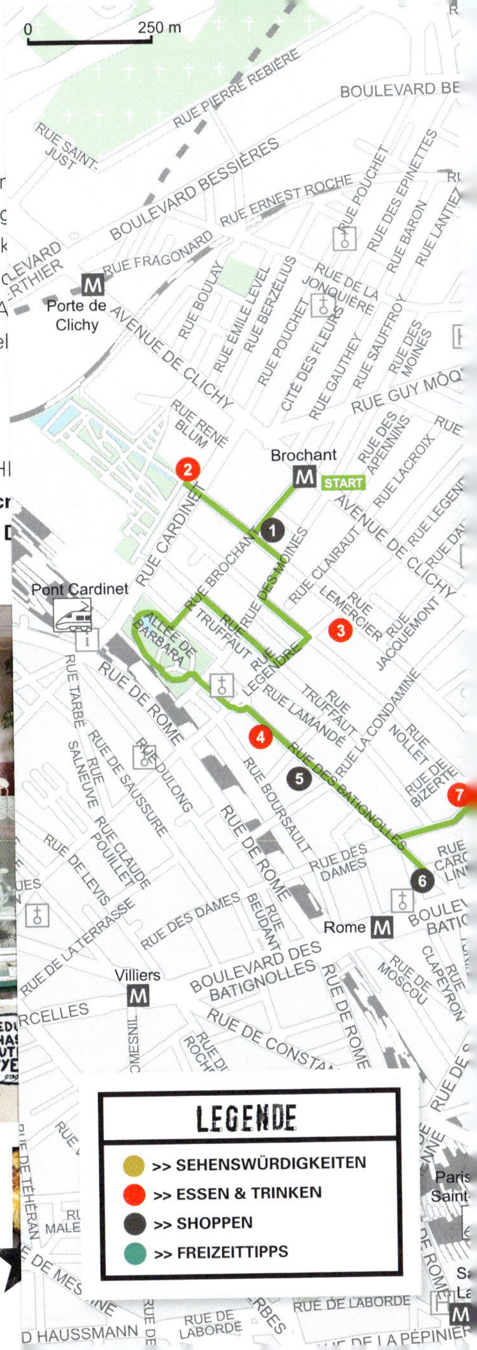

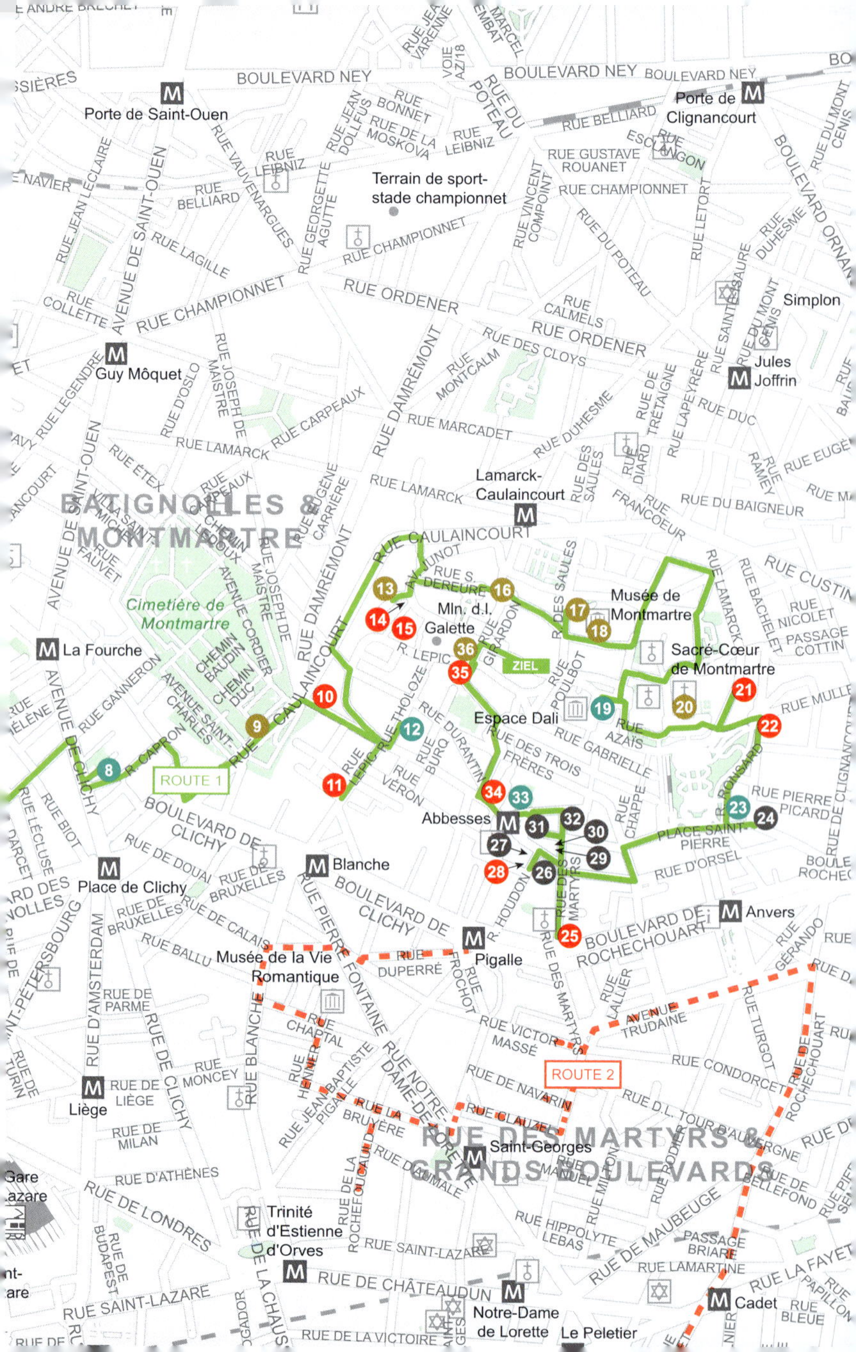
BATIGNOLLES & MONTMARTRE
RUE DES MARTYRS & GRANDS BOULEVARDS
ROUTE 1
ROUTE 2
ZIEL
Porte de Saint-Ouen
Porte de Clignancourt
Terrain de sport-stade championnet
Simplon
Jules Joffrin
Guy Môquet
Lamarck-Caulaincourt
Cimetière de Montmartre
Mln. d.l. Galette
Musée de Montmartre
Sacré-Cœur de Montmartre
Espace Dali
La Fourche
Abbesses
Place de Clichy
Blanche
Anvers
Pigalle
Musée de la Vie Romantique
Liège
Saint-Georges
Trinité d'Estienne d'Orves
Notre-Dame de Lorette
Le Peletier
Cadet
BOULEVARD NEY
RUE CHAMPIONNET
RUE ORDENER
RUE MARCADET
RUE LAMARCK
RUE CAULAINCOURT
RUE DAMRÉMONT
AVENUE DE SAINT-OUEN
AVENUE DE CLICHY
BOULEVARD DE CLICHY
BOULEVARD DE ROCHECHOUART
RUE DES MARTYRS
RUE LEPIC
RUE BLANCHE
RUE D'AMSTERDAM
RUE DE CLICHY
RUE DE LONDRES
RUE SAINT-LAZARE
RUE DE CHÂTEAUDUN
RUE NOTRE-DAME-DE-LORETTE
RUE PIERRE FONTAINE
RUE LA BRUYÈRE
RUE CLAUZEL
RUE DE NAVARIN
RUE VICTOR MASSÉ
AVENUE TRUDAINE
RUE CONDORCET
RUE DE MAUBEUGE
RUE LA FAYETTE
RUE CUSTINE
RUE DUHESME
RUE DU POTEAU
RUE LEGENDRE
RUE GANNERON
RUE DE DOUAI
RUE DE BRUXELLES
RUE DE CALAIS
RUE CHAPTAL
RUE JUNOT
RUE DES SAULES
RUE NORVINS
RUE DES ABBESSES
RUE TARDIEU
PLACE SAINT-PIERRE
RUE D'ORSEL
RUE RONSARD
RUE GABRIELLE
RUE DURANTIN
RUE TOLOZE
RUE VÉRON
RUE DES TROIS FRÈRES
RUE HOUDON
RUE DE LA ROCHEFOUCAULD
RUE SAINT-GEORGES
RUE DE LA VICTOIRE

BESCHREIBUNG ROUTE 1 (ca. 9,3 km)

Von der Metro-Station Brochant in die Rue Brochant einbiegen. Am Markt 1 einen Stopp einlegen. Geh rechts zu einem besonderen Restaurant 2 oder links in die Rue Lemercier, die erste Straße rechts und dann links 3. Rechts in die Rue Legendre hinein und an der Rue Truffaut rechts abbiegen. An der Rue Brochant links zum Park gehen. Diesen über den Haupteingang verlassen, weiter über die Rue Legendre hinweg zur Rue des Batignolles 4 5. Nach rechts zu einem eleganten Herrenausstatter 6 oder links die Rue des Dames 7 bis zur Avenue Clichy nehmen, diese überqueren und nach rechts gehen. Für Kunst und Kaffee 8 nach links wenden. Ansonsten weiterlaufen und links in die Rue Capron einbiegen. Die Brücke über den Friedhof nehmen 9. An der Rue Joseph de Maistre nach rechts abbiegen 10. Am Ende der Straße rechts halten, nach unten zu einem Café 11. Links in die Rue Tholozé zum Kino 12 einbiegen. Zurückgehen und die Biegung schräg rechts in die Rue Lepic nehmen. Die Erste links nehmen und dann rechts in die Rue Coulaincourt. Rechts abbiegen, die Treppe von der Rue J. Métivier nehmen und hoch in die Avenue Junot steigen 13 14 15. In die Rue S. Dereure einbiegen, am Ende der Treppe hoch nach links zur Place Dalida 16. Links zur Rue des Saules gehen, wo du ein Weingut 17 findest. Zurückgehen und in die Rue Cortot einbiegen 18. Am Ende nach links bis zur Rue Lamarck wo du rechts abbiegst. Nach rechts in die Rue de la Bonne, die Treppen hoch und zur Place du Tertre 19. Vor Sacré-Cœur 20 genießt du die berühmte Aussicht. Geh schräg nach links hinunter. Links auf die Rue Lamarck zum australischen Brunch 21 einbiegen oder geradeaus zur Rue Maurice Utrillo 22. Weiter die Treppe hinunter zum Kulturzentrum 23 und zum Stoffmarkt 24. Die Place Saint-Pierre überqueren und über die Rue Tardieu bis zur Rue des Trois Frères. Hier links und dann direkt rechts in die Rue d'Orsel einbiegen. Weiter bis zur Rue des Martyrs. Nach links für ein Getränk und einen Snack 25 oder nach rechts für interessante Geschäfte und Kaffee 26 27 28. Zurück zur Rue des Martyrs und nach links 29 30. Geh links in die Rue Yvonne le Tac, wo es einen schönen Buchladen gibt 31 oder geradeaus, um in einem Vintage-Laden zu stöbern 32. Auf der Rue la Vieuville nach links, um die I-love-you-Mauer zu sehen 33. Den Platz überqueren, in die Rue des Abbesses 34. Rechts in die Rue Ravignan einbiegen. Zur Gastronomie weiter geradeaus, die Treppe hinauf und über das Plätzchen, nach links in die Rue d'Orchampt. Am Ende nach rechts, durch die Gasse 35 36. Abschluss in der Rue Norvins.

SEHENSWÜRDIGKEITEN

⑨ Der schöne, berühmte Friedhof **Cimetière de Montmartre** wurde 1825 eröffnet. Hier ruhen berühmte Persönlichkeiten wie die Sängerin Dalida, der Dichter Heinrich Heine und der Maler Edgar Degas.

20, Avenue Rachel, 18. Arr., en.parisinfo.com/paris-museum-monument/71184/cimetiere-de-montmartre, geöffnet 6. Nov.–15. März: Mo.–Fr. 8.00–17.30, Sa. 8.30–17.30, So. 9.00–17.30 Uhr, 16. März–5. Nov.: Mo.–Fr. 8.00–18.00, Sa. 8.30–18.00, So. 9.00–18.00 Uhr, Eintritt frei, Metro 2, 13 Place des Clichy

⑬ Die schöne Sackgasse **Villa Léandre** erregt sofort Aufmerksamkeit. Der englisch anmutende Baustil fällt auf, weil Backsteinbauten sonst nirgends in Paris vorkommen. Früher hieß das Sträßchen Villa Junot, wurde jedoch später nach einer bekannten Persönlichkeit aus Montmartre benannt: dem Humoristen Léandre.

Villa Léandre, 18. Arr., Metro 12 Lamarck Coulaincourt

⑯ Die **Place Dalida** liegt verborgen hinter dem Château des Brouillards und wird von einem Bild der Sängerin Dalida geschmückt. Sie ist in Frankreich ein großer Begriff und ganz besonders in Montmartre, wo sie lange lebte und schließlich auch gestorben ist. Ihre Lieder klingen aus dem Radio oft durch das Viertel. Sie liegt auf dem Friedhof von Montmartre begraben.

Place Dalida, 18. Arr., Metro 12 Abbesses/Lamarck Coulaincourt

⑰ Vor zweitausend Jahren brachten die Römer Weingüter nach Paris. Heute gibt es noch zweitausend Weinstöcke in Montmartre: **Les Vignes de Montmartre**. Auf der Website des Musee de Montmartre kannst du eine Weinprobe und eine Besichtigung des Weinbergs buchen. Während der Erntezeit, am zweiten Oktoberwochenende, finden auf dem Montmartre Straßenfeste statt. Es gibt viel Musik und auch reichlich Gelegenheit, Pariser Weine zu verkosten.

Ecke Rue des Saules und Rue Saint-Vincent, 18. Arr., museedemontmartre.fr/ events/visite-des-vignes-du-clos-montmartre-et-du-musee-de-montmartre, Eintritt Weinberg inkl. Führung & Weinprobe 35 €, Metro 12 Lamarck Caulaincourt

⑱ Das **Musée de Montmartre** beherbergt die Sammlung der 1886 gegründeten Vereinigung für Geschichte und Archäologie. Die Sammlung liefert einen guten

13

3

16
DALIDA

OLIVIA
DE BONA

Überblick über die künstlerische, politische und religiöse Geschichte des Viertels. Es gibt eine Replik des alten Dorfes, eine Sammlung von Clignancourt-Porzellan und eine tolle Kollektion von Plakaten aus dem Goldenen Zeitalter von Montmartre.
12–14, Rue Cortot, 18. Arr., www.museedemontmartre.fr, Telefon 0149258939, täglich geöffnet von 10–19 Uhr, Eintritt € 14, Metro 12 Lamarck Caulaincourt

⑳ Die romanisch-byzantinische **Basilique du Sacré-Cœur** ist ein auffallender weißer Bau auf dem Hügel von Montmartre. Sie wurde zu Ehren des Heiligen Herzens und als Vergebung für das Blut erbaut, das im Französisch-Deutschen Krieg vergossen wurde. Wer sich traut, die 222 Stufen hinaufzusteigen, wird mit einem wunderschönen Panoramablick auf Paris belohnt. Du kannst auch mit der Standseilbahn hinauffahren. Obwohl das Äußere sehr auffällig ist, lohnt auch das Innere sehr. Die Kirche ist mit Gemälden und Skulpturen geschmückt. In der Kuppel befindet sich ein großes Mosaik mit einer der größten Jesusdarstellungen der Welt.
35, Rue du Chevalier-de-La-Barre, 18. Arr., www.sacre-coeur-montmartre.com, geöffnet täglich 6.00–22.30 Uhr, Eintritt frei, Metro 12 Abbesses

㊱ Im 16. Jahrhundert dominierten Windmühlen den Charakter von Montmartre. Sie wurden zum Mahlen von Mehl und Pressen der Trauben genutzt. Leider sind von diesen Mühlen nur wenige erhalten, darunter **Le Moulin de la Galette**. Im Restaurant, das jetzt hier eröffnet wurde, kann man prima essen.
83, Rue Lepic, 18. Arr., www.moulindelagaletteparis.com, geöffnet täglich 12.00 bis 22.15 Uhr, Metro 2 Blanche, 12 Abbesses

ESSEN & TRINKEN

② Im **Coretta** trifft Haute Cuisine auf mexikanisches Comfort Food. Das Restaurant befindet sich im Martin Luther King Park und ist nach der Frau des Freiheitskämpfers benannt. Die Einrichtung ist modern und stilvoll, und vom zweiten Stock aus hat man einen Blick auf die Baumkronen des Parks. Die Gerichte sind bunt und wahre Kunstwerke. Und natürlich unglaublich lecker!
151 bis, Rue Cardinet, 17. Arr., Telefon +33 1-42265555, www.restaurantcoretta.com, geöffnet Di.–Sa. 12.00–14.00 & 19.30–22.00 Uhr, Preis Mittagessen € 29, Metro 13 Brochant

③ Weil der Brunch im **Les Puces des Batignolles** so beliebt ist, gibt es mittlerweile zwei gegenüberliegende Filialen. Der Brunch besteht aus einem „süßen" Korb mit Croissants und Marmelade, einem herzhaften Hauptgericht mit Burgern und/oder Ei, dazu Kaffee, Tee oder frischer Saft.
110, Rue Legendre, 17. Arr., Telefon 0142266226,insta @pucesdesbatignolles, geöffnet täglich 8.00–2.00 Uhr, Preis Brunch € 18, Metro 2 Rome, 13 Brochant

④ **Les Fils à Maman** ist unter den Yuppies in dieser Ecke sehr beliebt. Sie kommen gern zum Brunch oder Abendessen. An den Wänden hängen Plakate von Comicfiguren. Bestell den Cheesburger oder den Lachsburger – beide sind super!
57, Rue des Batignolles, 17e arr., www.lesfilsamaman.com/paris-batignolles/, Telefon 0153049473, geöffnet Mo. 19.00–22.00 Uhr, Di.–Do. 12.00–14.00 & 19.00–22.00 Uhr, Fr.–Sa. 12.00–14.00 & 19.00–22.30 Uhr, So. 11.30–15.00 & 19.00-22.00 Uhr, Preis € 16, Metro 2 Rome, 13 Brochant

⑦ **Les Caves Populaires** ist ein gemütliches Viertelcafé, das vor allem von Studenten besucht wird. Bestell eine Käseplatte und ein Glas Wein, dann knüpf mit deinem Nachbarn ein Gespräch an.
22, Rue des Dames, 17. Arr., Telefon 0153040832, insta@lescavespopulaires, geöffnet Mo.–Fr. 8.30–2.00 Uhr, Sa. 10.00–2.00 Uhr, So. 11.00–2.00 Uhr, Preis € 10, Metro 2 Rome, 2, 13 Place de Clichy

⑩ Das **Terrass Hotel** wurde 2015 komplett renoviert. In der siebten Etage liegt ein Panorama-Restaurant mit fantastischem Blick über die Stadt. Innenplätze können über die Website reserviert werden, auf der Terrasse keine Reservierungen.
12–14, Rue Joseph de Maistre, 18. Arr., www.terrass-hotel.com, Telefon 0146067285, geöffnet Bar Di.–Sa. 15.30–0.30 Uhr, So.–Mo. 15.30–23.30 Uhr, Frühstück täglich 7.00–10.30 Uhr, Lunch Mo–Fr 12.00–14.30 Uhr, Dinner Di.–Sa. 19.00–22.30 Uhr, Preis € 32, Metro 2 Blanche, 12 Abbesses

⑪ Das **Café des Deux Moulins** erfreut sich seit dem Erfolgsfilm „Die fabelhafte Welt der Amelie" großer Beliebtheit. Die Heldin des Films arbeitet in diesem Café. Setz dich mit einer Crème brûlée d'Amelie und einer Tasse Kaffee auf die Terrasse.
15, Rue Lepic, 18. Arr., cafedesdeuxmoulins.fr, Telefon 0142549050, geöffnet Mo.–Fr. 7.00–2.00 Uhr, Sa.–So. 9.00–2.00 Uhr, Preis € 16, Metro 2 Blanche

14
Yummmm!

28

25

25
Les Snacks

⑭ **Marcel** ist ein Café im New-York-Style und liegt an der Ecke des hübschen Sträßchens Villa Léandre. Auf der Karte stehen hauptsächlich britische und amerikanische Gerichte wie Eggs Benedict und Blueberry Pancakes. Dieses dunkle, kleine, aber feine Restaurant ist bei den hippen Locals enorm populär.

1, Villa Léandre, 18. Arr., www.restaurantmarcel.fr, Telefon 0146060404, geöffnet Mo.–Fr. 10.00–15.00 & 18.00–22.00, Sa. 10.00–22.00, So. 10.00–19.00 Uhr, Preis € 23, Metro 12 Lamarck – Coulaincourt

⑮ **Le Très Particulier** ist nicht leicht zu finden, aber wenn man sich einmal den Weg durch eine abgelegene Straße gebahnt hat, um den Innenhof des luxuriösen Hotels Particulier de Montmartre zu finden, dann weiß man, warum die Pariser so gern hierherkommen. Tagsüber wird im lauschigen Garten und im Wintergarten Tee serviert, abends aber trinkt man hier Cocktails und Prosecco in intimer, sexy und luxuriöser Umgebung.

23, Avenue Junot, 18. Arr., www.hotelparticulier.com, Telefon 0153418140, Restaurant geöffnet täglich 12.00–22.30 Uhr, Bar Di–Sa 18.00–2.00 Uhr, Preis Cocktail € 15, Metro 12 Lamarck – Caulaincourt

㉑ Es ist nicht schwer, in Paris ein tolles Frühstück zu bekommen, aber bei **Hardware Société** ist das etwas ganz Besonderes. Das französische petit-déjeuner bekommt bei Hardware Société einen australischen Kick. Gönn dir einen Kaffee mit Gebäck oder einen opulenten, herzhaften Brunch. Alles wird dir gut schmecken.
10, Rue Lamarck, 18. Arr., www.hotelparticulier.com, Telefon 0142516903, geöffnet Mo. & Do.–So. 9.30–16.00 Uhr, Preis € 15, Metro 4 Château Rouge

㉒ Wenn du die Treppen von Sacré-Cœur hinunterläufst, taucht hinter den Bäumen eine Terrasse voller farbenfroher Tische auf. **L'Été en Pente Douce** ist ein schöner Platz für eine Pause etwas außerhalb der touristischen Wege.
23, Rue Muller, 18. Arr., l-ete-en-pente-douce.business.site, Telefon 0142640267, geöffnet täglich 12.00–0.00 Uhr, Preis € 17,50, Metro 2 Anvers

㉕ Die retro-industrielle Rock-'n'-Roll-Bar **La Fourmi** ist berühmt als Ort, an dem Bands sich gern warmspielen, bevor es auf die Bühne geht. Aber auch nach den Auftritten geht es hier rund. Nimm ein paar Flyer aus der Bar mit, damit du weißt, was im Viertel angesagt ist. Hierher kommt man vor allem, um etwas zu trinken. Für den kleinen Hunger gibt es Sandwiches und Salate.
74, Rue des Martyrs, 18. Arr., Telefon 0142647035, geöffnet Mo.–Sa. 10.00–0.00 Uhr, Preis: Drink € 2,80, Metro 2, 12 Pigalle

㉘ „Kaffee, Brunch, Liebe" ist der Slogan des **Sylon de Montmartre**. Hier genießt du Kaffee aus speziell gerösteten Bohnen, hausgemachte Kuchen und einen köstlichen Brunch aus biologischen Zutaten. Ideal für eine Kaffeepause.
4 bis, Rue Piémontési, 18. Arr., Telefon +33 1-42575810, sylondemontmartre.com, geöffnet Mo.–Fr. 8.30–17.00 Uhr, Sa.–So. 10.00–17.00 Uhr, Preis Lunch € 10, Metro 12 Abbesses

㉞ Boulangerie, Patisserie und Restaurant in einem: das **Coquelicot** hat zu jeder Tageszeit etwas zu bieten. Perfekt für einen Brunch, zu Mittag oder für den kleinen Hunger. Du kannst auch ein fantastisches Picknick zusammenstellen.
24, Rue des Abbesses, 18. Arr., www.coquelicotmontmartre.com, Telefon 0146061877, Bäcker geöffnet Di.–So. 7.30–20.00 Uhr, Restaurant Di.–Fr. 8.00–17.30 Uhr, Sa.–So. 8.00–18.30 Uhr, Metro 12 Abbesses 2, 12 Pigalle

㉟ Schon bei der Eröffnung war das schicke **Le Coq & Fils** ein Riesenerfolg. Auf der Karte steht ausschließlich Geflügel – daher auch der Name. Probier die unvergleichliche Hühnersuppe, die französische Hähnchenleber oder nimm ein Poulet Rôti aus dem Ofen und teil es dir mit deiner Begleitung.

98, Rue Lepic, 18. Arr., www.lecoqfils.com, Telefon 0142598289, geöffnet täglich 12.00–14.30 & 19.00–23.30 Uhr, Preis: Hähnchen zum Teilen € 95, Lunch € 18, Metro 12 Abbesses

SHOPPEN

① Der **Marché des Batignolles** ist eine überdachte Markthalle. Hier gibt es französische Produkte im Überfluss: Gemüse, Käse, Fleisch, Fisch … Du kannst auch libanesische, marokkanische, afrikanische, italienische und spanische Produkte entdecken. Verpass auf keinen Fall den iranischen Stand im Zentrum des Marktes! Die Oliven-Feigen-Tapenade ist unübertrefflich – und du kannst vor Ort probieren.

96, bis Rue Lemercier, 17. Arr., www.paris.fr/equipements/marche-couvertbatignolles-5517, geöffnet Di 9.00–14.00 & 16.00–20.30, Do–Fr 8.30–13.00 & 16.00–20.00, Sa 8.30–20.30, So 8.30–14.00 Uhr, Metro 13 Brochant

⑤ Ein Besuch im fröhlichen und bunten **Les Petites Raffineurs** ist ein Genuss. Dort kannst du schöne Geschenke für Kinder kaufen, zum Beispiel ausgefallene Spielsachen, oft aus umweltfreundlichen Materialien hergestellt.

39, Rue des Batignolles, 17. Arr., www.lespetitsraffineurs.com, geöffnet Di.–Fr. 11.00 bis 19.30 Uhr, Sa. 10.30–19.00 Uhr, Metro 2, 13 Place de Clichy

⑥ Bei **Hast** wird zeitlose und stilvolle Herrenmode hergestellt. Das Konzept ist einfach: Durch die Zusammenarbeit mit der kürzest möglichen Lieferkette stellt Hast qualitativ hochwertige Kleidung zum fairsten Preis her. Eine nachhaltige Marke, aber auch sehr schön. Für den Mann, der stilvolle und zeitlose, aber dennoch trendige Artikel liebt.

7, Rue des Batignolles, 17. Arr., www.hast.fr, geöffnet Mo.–Sa. 11.00–19.30 Uhr, Metro 2 Rome

22

28

3
LEs Puces des BatignoLLes

25

7
du CHALET
caves populaires

34
Tarte Rhubarbe
La part
3,00 €

31
MICHEL LEIRIS
GAROUSTE
HENRI CARTIER-BRESSON
ATGET
ATLAS DU CRIME A PARIS
PARIS GANGSTER
Staël
Paris
BANKSY
LA FRANCE DEPARDON
PICASSO

㉔ Der **Marché Saint-Pierre** ist der bekannteste Stoffmarkt in Paris. Besuch Dreyfus Déballage und staune über die riesige Auswahl. Schau auch einmal am oberen Ende bei Tissus Reine an der Place Saint-Pierre hinein. Die Mini-Mannequins im Geschäft zeigen die neuesten Stofftrends.
2, Rue Charles Nodier, 18. Arr., www.marchesaintpierre.com, geöffnet Mo.–Fr. 10.00–18.30 Uhr, Sa. 10.00–19.00 Uhr, Metro 2 Anvers

㉖ Bei **Petite Mendigote** kannst du vom Stil der Französinnen lernen. Möchtest du aussehen wie Jane Birkin oder Brigitte Bardot? Dann ist Petite Mendigote der richtige Ort für dich. Diese französische Marke stellt romantische, feminine Kleidung her. In der man, so die Gründerin Sybille, zur Arbeit und zum Abendessen gehen kann.
1, Rue des Abbesses, 18. Arr., petitemendigote.com, geöffnet Mo. 13.00–19.00 Uhr, Di.–Fr. 11.00–14.15 & 14.45–19.00 Uhr, Sa. 10.30–19.30 Uhr, So. 13.00–19.00 Uhr, Metro 2, 12 Pigalle

㉗ Man kommt nicht daran vorbei: die bunten, sehr femininen Kleider bei **Héroïnes** locken einfach zu sehr. Hier gibt es kleine Größen für kleine Damen und Kleider, die auf jedem Fest die Show stehlen. Auch die Accessoires sind sehenswert: Gürtel in allen Farben, Schuhe und feminine Manschettenknöpfe.
7, Rue des Abbesses, 18. Arr., www.heroines.fr, geöffnet täglich 11.00–13.00 & 14.00–20.00 Uhr, Metro 12 Abbesses

㉙ Nachhaltiger und fairer Handel, das ist **Ekyog**. Freue dich auf verspielte, feminine Kleidung mit schönen Prints und fröhlichen Farben. Diese französische Marke ist ein Pionier in Sachen nachhaltiger Mode und beweist einmal mehr, dass nachhaltig nicht langweilig sein muss.
89, Rue des Martyrs, 18. Arr., www.ekyog.com, geöffnet Di.–Sa. 11.00–14.00 & 15.00–19.30, So. 13.00–19.30, Metro 2, 12 Pigalle

㉚ **La Chaise Longue** ist ein hübscher Geschenkeladen, in dem man alles Mögliche kaufen kann. Hier findest du unterhaltsame Objekte für dein Zuhause, oft mit einer lustigen oder unerwarteten Wendung.
91, Rue des Martyrs, 18. Arr., www.lachaiselongue.fr, geöffnet Mi.–So. 10.30–19.00, Metro 2, 12 Pigalle, 12 Abesses

㉛ Die **Librairie des Abbesses** von Marie Rose Guarnieri ist DIE Buchhandlung von Montmartre. Und gleichzeitig ist es einer der letzten „Kulturhorte" in einem Viertel, in dem derzeit die Kleidung die Herrschaft übernommen hat. Hier kann man regelmäßig Lesungen und Buchpräsentationen besuchen.
30, Rue Yvonne le Tac, 18. Arr., www.librairiedesabbesses.fr, Telefon 0146068430, geöffnet Mo. 11.00–20.00 Uhr, Di.–Sa. 10.00–20.00 Uhr, So. 12.00–20.00 Uhr, Metro 12 Abbesses

㉜ Wenn du gerne nach alten Schätzen suchst, solltest du **Chinemachine** einen Besuch abstatten. Wenn du genau hinschaust, findest du vielleicht ein besonderes Designerstück. Die freundlichen, internationalen Mitarbeiter helfen dir gern bei der Suche.
100, Rue des Martyrs, 18. Arr., www.chinemachinevintage.com, geöffnet täglich 11.00–18.00 Uhr, Metro 12 Abbesses

FREIZEITTIPPS

⑧ An der Stelle, an der in den 1920er-Jahren ein Tanzsaal stand, befindet sich jetzt **LE BAL**: einer der hipsten Hotspots des Viertels. In diesem Ausstellungsraum präsentieren moderne Fotografen und Videokünstler ihre Werke, ergänzt um einen Laden mit aufwendigen Kunstbüchern. Im Coffeecorner kannst du das Wochenende beim englischen Brunch genießen.
6, Impasse de la Défense, 18. Arr., www.le-bal.fr, geöffnet Mi. 12–20 Uhr, Do.–So. 12.00–19.00 Uhr, Eintritt € 7, Metro 2, 13 Place de Clichy

⑫ Schau beim **Cinéma Studio 28** vorbei, um zu sehen, was auf dem Spielplan steht. Dieses Viertelskino wurde Ende des 19. Jahrhunderts eröffnet, und der Saal hat seinen Original-Charakter erhalten. Künstler wie Jean Cocteau und André Breton veranstalteten hier auch ihre Perfomances. Bei schönem Wetter ist der Patio ein schöner Ort, um eine Pause einzulegen.
10, Rue Tholozé, 18. Arr., www.cinema-studio28.com, Öffnungszeiten siehe Website, Eintritt € 9,50, Metro 2 Abbesses 12 Blanche

29
EKYOG

26
petite Mendigote

VINTAGE BOUTIQUE
14
RUE LA VIEUVILLE

19
World famous

33

⑲ Montmartre war auch bei Dichtern und Malern populär. Vielleicht wimmelt es daher auf der stark frequentierten, touristischen **Place du Tertre** von „Künstlern", die dein Porträt zeichnen möchten. Auch die Souvenirläden und Cafés am Platz schöpfen reichlich aus der großen, künstlerischen Vergangenheit dieses Viertels.

Place du Tertre, 18. Arr., Metro 12 Abbesses

㉓ Im 19. Jahrhundert war die **Halle Saint-Pierre** das Zentrum des Stoffhandels. Jetzt beherbergt die beeindruckende Glas- und Metallkonstruktion das **Musée d'Art brut et d'Art singulier**. Hier kannst du wechselnde Ausstellungen besuchen, einen Workshop belegen oder im schönen Café die Zeitung lesen, während du einen Happen isst. Auch der Blick in den Buchladen mit schönen Ansichtskarten lohnt sich.

2, Rue Ronsard, 18. Arr., www.hallesaintpierre.org, Telefon 0142587289, geöffnet Mo.–Fr. 11.00–18.00 Uhr, Sa. 11.00–19.00 Uhr, So. 12.00–18.00 Uhr, Eintritt Galerie frei, Wechselausstellungen € 9, Metro 2 Anvers

㉝ In einem kleinen öffentlichen Garten hinter der Place des Abbesses, dem Square Jehan Rictus, wurde im Jahr 2000 **Le mur des je t'aime** installiert: die Mauer der Liebe, auf der 311 Mal „ich liebe dich" steht, in allen Sprachen und Dialekten der Welt. Man muss ein bisschen suchen, aber auch Deutsch ist dabei!

Place des Abbesses, 18. Arr., www.lesjetaime.com, Metro 12 Abbesses

ROUTE 2

QUARTIER DES MARTYRS, GRANDS BOULEVARDS, LOUVRE & MADELEINE

INFOS ZUR ROUTE

Du beginnst am rechten Ufer der Stadt, im 9., 1. und 2. Arrondissement. Der Spaziergang ist ein Mix aus Shoppen und Kultur. Schaufenster betrachten kann man in der Rue des Martyrs und in diversen Einkaufspassagen. Und Kunst gibt es in den kleinen Museen am Weg, im Garten des Palais Royal und natürlich im Louvre. Halt dich an die vorgeschlagene Reihenfolge, sonst kann das in eine ziemliche Kletterei ausarten!

DIE VIERTEL

Das nördliche Viertel zwischen Notre-Dame de Lorette, Trinité und Place Pigalle im 9. Arrondissement wird auch als **goldenes Künstlerdreieck** bezeichnet. In der zweiten Hälfte des 19. Jahrhunderts war dieses Dreieck ein beliebtes Quartier bei Künstlern und Intellektuellen wie Sand, Delacroix und Chopin. Dieser Stadtteil wird von klassischer Architektur mit Hôtel Particuliers (Stadtpalais), charmenten Plätzen, ruhigen Innenhöfen und kleinen Museen charakterisiert. Die Rue des Martyrs ist die bekannteste Straße des Viertels. Hier findest du ein variantenreiches Angebot an Läden sowie Ess- und Trinkgelegenheiten. Es ist herrlich, hier sonntags zwischen den Einheimischen zu brunchen.

Am **Rive Droite** (rechten Ufer) und rund um den **Grands Boulevards** gibt es viele luxuriöse Einkaufsgalerien wie die Galerie Vivienne. Diese stammen aus der ersten Hälfte des 19. Jahrhunderts und wurden im Auftrag reicher Anwohner errichtet, die an Regentagen beim Einkauf nicht nass werden wollten. Am Grands Boulevards liegen große Kaufhäuser wie die Galeries Lafayette und Le Printemps. Rund um den Platz mit dem riesigen römischen Tempel La Madeleine findest du Delikatessenläden und Teesalons.

Im 1. und 2. Arrondissement stehen
stammt aus dem 11. Jahrhundert und
die **Tuileries** erweitert. Der Bau des
Kardinals Richelieu, später zogen kön
wurde der Garten für das Publikum g
tenes Gelände war. Er wurde schnell
Trotz der turbulenten Vergangenheit h

WENIG ZEIT? DAS SIND DIE HI

Jardin du Palais Royal + Musée du
Décoratifs + La Madeleine + Galeri

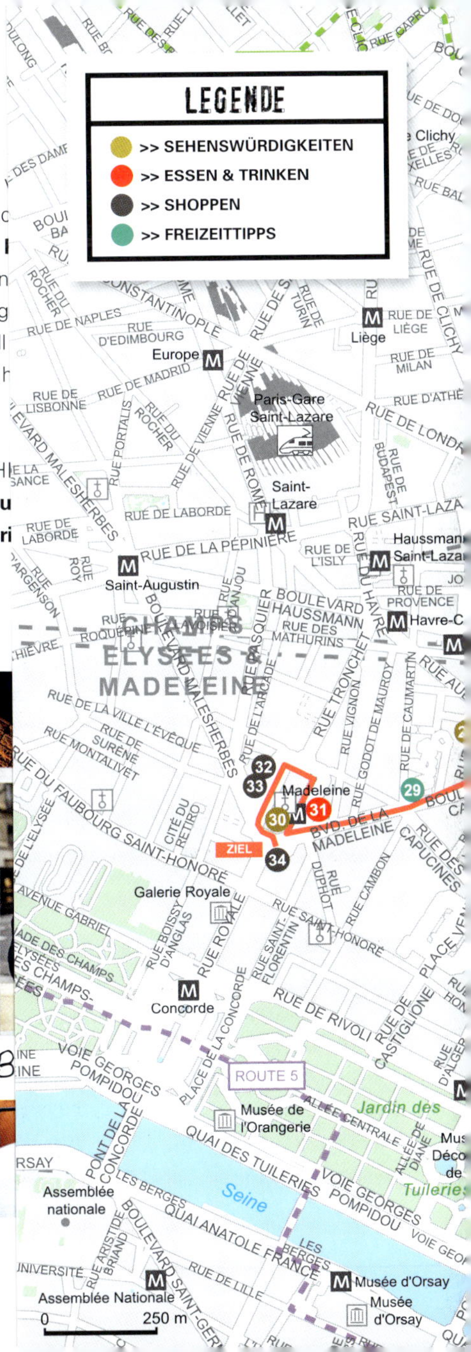

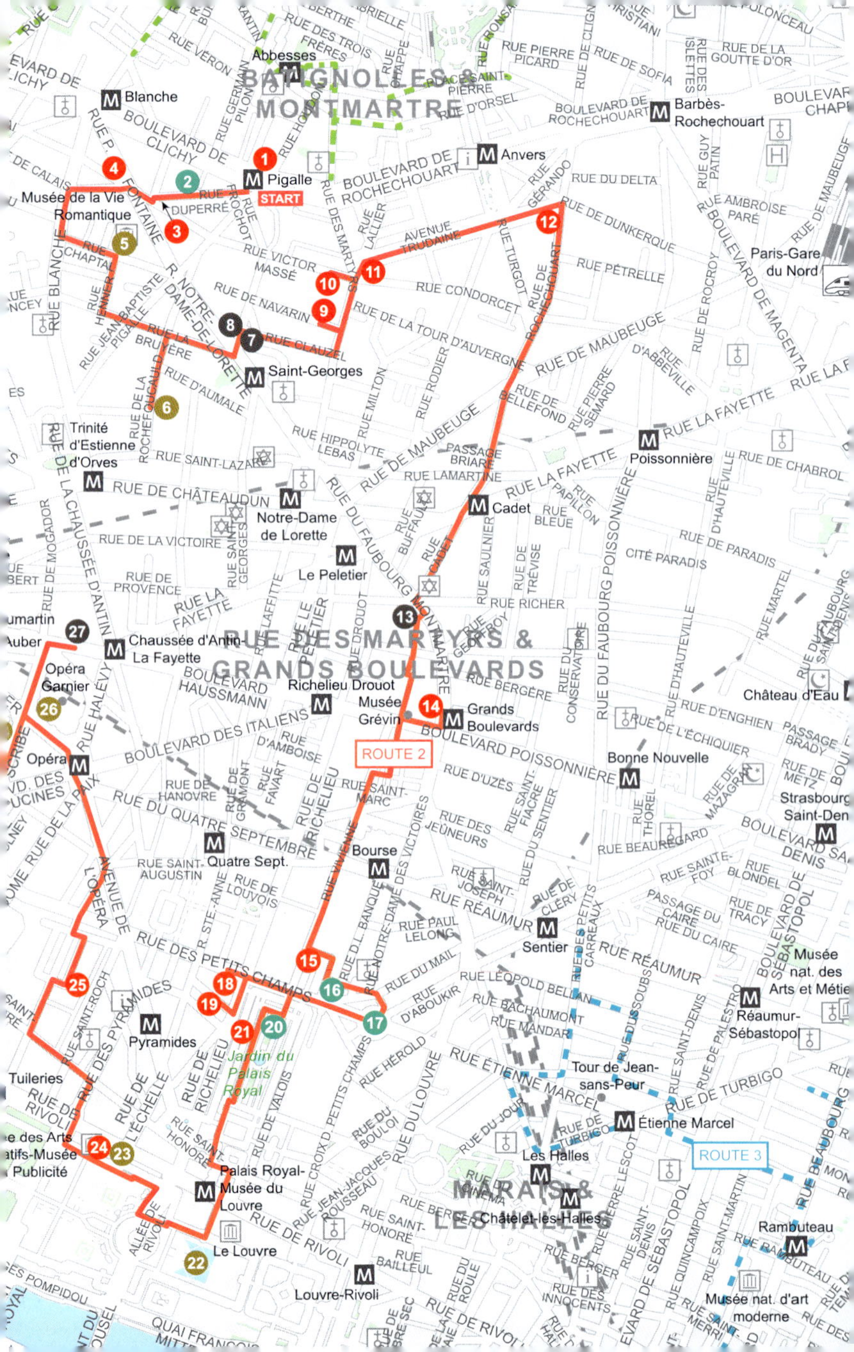
BATIGNOLLES & MONTMARTRE
RUE DES MARTYRS & GRANDS BOULEVARDS
MARAIS & LES HALLES
START
ROUTE 2
ROUTE 3
Abbesses
Blanche
Pigalle
Anvers
Barbès-Rochechouart
Paris-Gare du Nord
Musée de la Vie Romantique
Saint-Georges
Trinité d'Estienne d'Orves
Notre-Dame de Lorette
Le Peletier
Poissonnière
Cadet
Chaussée d'Antin-La Fayette
Opéra Garnier
Opéra
Auber
Richelieu Drouot
Musée Grévin
Grands Boulevards
Bonne Nouvelle
Château d'Eau
Strasbourg Saint-Denis
Quatre Sept.
Bourse
Sentier
Réaumur-Sébastopol
Musée nat. des Arts et Métiers
Pyramides
Tuileries
Jardin du Palais Royal
Palais Royal-Musée du Louvre
Le Louvre
Louvre-Rivoli
Tour de Jean-sans-Peur
Étienne Marcel
Les Halles
Châtelet-les-Halles
Rambuteau
Musée nat. d'art moderne
BOULEVARD DE CLICHY
BOULEVARD DE ROCHECHOUART
RUE DES MARTYRS
AVENUE TRUDAINE
RUE DE DUNKERQUE
RUE CONDORCET
RUE DE LA TOUR D'AUVERGNE
RUE DE MAUBEUGE
RUE LA FAYETTE
RUE DE CHÂTEAUDUN
RUE DE LA VICTOIRE
RUE DU FAUBOURG MONTMARTRE
RUE DU FAUBOURG POISSONNIÈRE
BOULEVARD HAUSSMANN
BOULEVARD DES ITALIENS
BOULEVARD POISSONNIÈRE
RUE DU QUATRE SEPTEMBRE
RUE RÉAUMUR
RUE DES PETITS CHAMPS
AVENUE DE L'OPÉRA
RUE DE LA PAIX
RUE DE RIVOLI
RUE ÉTIENNE MARCEL
RUE DE TURBIGO
BOULEVARD DE SÉBASTOPOL

BESCHREIBUNG ROUTE 2 (ca. 9,8 km)

Geh traditionell französisch essen 1 oder die Rue Duperré hinab zu einem bunten Basketballplatz 2. Am Ende der Straße liegt ein italienisches Restaurant 3 mit schöner Terrasse 4. Rechts in die Rue Mansart und links in die Rue Blanche. Nimm die erste Straße links 5. Geh in die Rue Henner und dann links in die Rue la Bruyère. Auf halber Höhe der Straße geht es rechts zum Museum 6. Sonst bis zur Kreuzung weitergehen. Diese überqueren und in die Rue Monnier 7 8 einbiegen. Geh in die Rue Clauzel und nimm dann die erste Straße links 9 10. An der Ecke der Rue des Martyrs biegst du in die Avenue Trudaine 11. Am Ende befindet sich eine Bar 12. Geh rechts in die Rue de Rochechouart. Nimm die Rue de Rochechouart bis unten zur Metro Cadet. Dort hinübergehen und in die Rue Cadet einbiegen. Überquer die Rue du Faubourg Montmartre, hier gibt es leckere Süßigkeiten 13, geh ein Stück nach links und dann direkt nach rechts in die Passage Jouffroy Verdeau. Lauf bis zum Boulevard de Montmartre durch die Passage. Geh hier nach links und wieder links zu einem klassischen Restaurant 14 oder direkt über den Boulevard in die Passage des Panoramas. Durch die Passage geht es in die Rue Vivienne und zum italienischen Mittagessen 15. Geh weiter, bis du an der linken Seite den Eingang der Galerie Vivienne siehst 16. Durchquere die Galerie. Am Ausgang geht es über die Rue de la Banque und über den Platz vor der Basilique Notre-Dame-des-Victoires zur Place des Victoires 17. Über die Rue la Feuillade gelangst du zur Rue des Petits Champs und zu den besten Ramen 18. Geh rechts und wieder rechts für eine gute Tasse Kaffee 19 oder bieg in den schönen Jardin du Palais Royal ein 20 21 und lauf durch bis zum Ausgang auf der Place du Palais Royal. Überquere die Rue Rivoli hin zum Louvre 22. An der rechten Seite der Gärten des Louvre liegen ein Museum und eine Außengastronomie 23 24. Geh nicht in die Tuilerien, sondern rechts in die Rue des Pyramides. Nimm die erste Straße links, die Rue Saint Honoré. Geh nach rechts zur Place du Marché Saint Honoré 25. Geradeaus durch die Rue d'Antin bis zur Avenue de L'Opéra und dann links bis zur Opéra 26. Dahinter, auf dem Boulevard Haussmann, liegen die großen Kaufhäuser 27. Geh zurück durch die Rue Scribe vorbei am Parfümmuseum 28 bis zum Boulevard des Capucines. Überquere die Straße und halte dich rechts 29. Geh weiter bis zur Kirche 30. Geh um die Kirche zum informellen Bistro 31 32 33 34.

SEHENSWÜRDIGKEITEN

⑤ Das **Musée de la Vie Romantique** war im 19. Jahrhundert ein Treffpunkt für Künstler der Pariser Romantikströmung. Hier lebte der Maler Ary Scheffer. Nicht nur seine Werke berichten über die Zeit, auch die Souvenirs der Schriftstellerin George Sand. Sehr romantisch ist der Teesalon im idyllischen Garten.

16, Rue Chaptal, 9. Arr., museevieromantique.paris.fr, geöffnet Di.–So. 10.00–18.00 Uhr, Teegarten Apr.–Okt., Eintritt Dauerausstellung frei, Wechselausstellungen siehe Website, Metro 2 Blanche

⑥ Gustave Moreau (1826–1898) gilt als einer der Vertreter des Symbolismus. In seinem ehemaligen Wohnhaus und Atelier befindet sich jetzt das **Musée national Gustave Moreau**. Die hohen Wände hängen voll mit seinen eigenwilligen Gemälden und in den Vitrinen kannst du Zeichnungen und Aquarelle betrachten.

14, Rue de la Rochefoucauld, 9. Arr., www.musee-moreau.fr, geöffnet Mo. & Mi.–So. 10.00–18.00 Uhr, Eintritt € 7, Metro 12 Trinité/Saint Georges

㉒ Das heutige **Musée du Louvre** diente den verschiedensten Zwecken: vom mittelterlichen Schloss bis zum kaiserlichen Palast. Napoleon beschloss 1793, den Palast für das Publikum zu öffnen. Mittlerweile ist der Louvre das reichste, meistbesuchte Museum der Welt. Es gibt enorm viel zu sehen: selbst ein flüchtiger Blick auf alle Werke verlangt ein oder zwei Tage. Tipp: Kauf die Tickets online, um die Warteschlangen zu vermeiden.

34–36, Quai du Louvre, 1. Arr., www.louvre.fr, geöffnet Mo., Mi.–So. 9.00–18.00 Uhr, Eintritt € 17, Metro 1, 7 Palais Royal/Musée du Louvre

㉓ Das **Musée des Arts Décoratifs** zeigt angewandte Kunst wie Design und Innenarchitektur, Werbung, Grafikdesign und Mode. Es handelt sich um eine ständige Sammlung mit Art-nouveau- und Art-déco-Stücken sowie modernem Mobiliar des 20. Jahrhunderts. Außerdem gibt es Sonderausstellungen. Von der oberen Etage hast du eine hinreißende Aussicht über den Jardin des Tuileries.

107–111, Rue de Rivoli, 1. Arr., www.madparis.fr, Telefon 0144555750, geöffnet Di.–Mi. & Fr.–So. 11.00–18.00 Uhr, Do. 11.00–21.00 Uhr, Eintritt € 14, Metro 1, 7 Palais Royal/Musée du Louvre

22
* get cultured!

22

㉖ Die **L'Opéra Garnier** wurde zwischen 1862 und 1875 erbaut. Die Hochzeitstorte – so ihr Spitzname – ist ein Entwurf von Charles Garnier. Er zeigt einen Stilmix mit Hunderten Statuen. Tagsüber kann das Gebäude besichtigt werden, aber eigentlich solltest du dir den Besuch einer Vorstellung nicht entgehen lassen.
8, Rue Scribe, 9. Arr., www.operadeparis.fr, Besichtigungen täglich 10.00–16.30 Uhr, Eintritt € 14, Audioguide und multimediale Besichtigung von 1 Stunde € 5, mit iPad € 12, Metro 3, 7, 8 Opéra

㉘ Der Stolz der Franzosen auf ihre eigenen Produkte ist bekannt. Nicht umsonst haben Sie Fragonard, einem Parfümeur aus Grasse, der für seine blumigen Düfte berühmt war, ein ganzes Museum gewidmet. Das **Musée du Parfum Fragonard** hat seinen Sitz in einem prächtigen Herrenhaus aus dem Jahr 1860. Auch die Dekoration des Museums stammt aus dieser Zeit. Du kannst an einer mehrsprachigen Führung teilnehmen und eine Parfum-Privatsammlung entdecken. Und natürlich kannst du hier die Düfte testen und kaufen.
9, Rue Scribe, 9. Arr., musee-parfum-paris.fragonard.com, geöffnet Mo.–Sa. 10.00–19.00 Uhr, Eintritt frei, Metro 3, 7, 8 Opéra

㉚ Mit **La Madeleine** wollte Napoleon einen römischen Ehrentempel für seine Soldaten schaffen. Der Bau dauerte von 1764 bis 1842. In dieser Zeit verschwand der Bedarf an einem Denkmal für die Kriegsopfer, das schlussendlich zu einer Kirche wurde. Hier werden regelmäßig Konzerte veranstaltet und täglich Gottesdienste abgehalten.
Place de la Madeleine, 8. Arr., www.eglise-lamadeleine.com, geöffnet täglich 9.30–19.00 Uhr, Eintritt frei, Metro 8, 12, 14 Madeleine

ESSEN & TRINKEN

① Das Konzept des **Bouillon Pigalle** ist einfach wie genial: In großem Stil wird französisch gekocht, wodurch die Preise niedrig und die Qualität der Speisen hoch ist. Lass dich durch die Schlange nicht abschrecken: Innerhalb kürzester Zeit wirst du vom Fachpersonal an einen Tisch begleitet. Man kann nicht besser preiswert essen, auf keinen Fall in Paris.
22, Boulevard de Clichy, 18. Arr., www.bouillonpigalle.com, Telefon 0142596931, geöffnet täglich 12.00–00.00 Uhr, Preis € 10, Metro 2, 12 Pigalle

③ Das hippe Restaurant **Pink Mamma** ist eine Augenweide, aber vor allem für seine köstlichen italienischen Gerichte bekannt. Pasta, Pizza und die Spezialität: ein gigantisches 800-Gramm-T-Bone-Steak. In der Speakeasy-Bar im Untergeschoss können Sie leckere Cocktails trinken. Oft bildet sich eine Schlange vor der Tür. Komm also frühzeitig oder reserviere einen Tisch.
20bis, Rue de Douai, 9. Arr., www.bigmammagroup.com/en/trattorias/pink-mamma, geöffnet Mo.–Mi. 12.00–14.15 & 18.45–22.45, Do.–Fr. 12.00–14.15 & 18.45–23.00, Sa. 12.00–15.15 & 18.45–23.00, So. 12.00–15.15 & 18.45–22.45 Uhr, 18 €, Metro 2, 12 Pigalle

④ **Le Dépanneur** liegt an einem der schönsten Orte des Viertels Pigalle. Auf der Sonnenterrasse kann man wunderbar verweilen. Le Dépanneur war ursprünglich der erste Bio-Foodtruck, die Einflüsse erkennt man in der Küche weiterhin. Genieß biologische Burger und Tacos oder auch einen Cocktail.
27, Rue Pierre Fontaine, 9. Arr., www.ledepanneur-pigalle.com, Telefon 0148744874, geöffnet täglich 12.00–2.00 Uhr, Preis € 15, Metro 2 Blanche

⑨ Das Restaurant des kleinen, schicken **Hôtel Amour** besuchst du für einen Drink an der Bar, zum Mittagessen oder zum romantischen Dinner. Mit etwas Glück findest du im schönen Innenhof Platz. Am Wochenende gibt es einen fantastischen Brunch.

8, Rue Navarin, 9. Arr., www.hotelamourparis.fr, Telefon 0148783180, geöffnet täglich 08.00–2.00 Uhr, Preis 22 €, Metro 2, 12 Pigalles/Saint Georges

⑩ Schon seit der Eröffnung ist **Le Pantruche** ein Riesenerfolg. Klassische, verfeinerte französische Gerichte werden mit Flair und Fachwissen aufgetischt. Das Interieur ist einfach, aber stilvoll, das Preis-Qualitätsverhältnis perfekt. Leider ist das Restaurant nur unter der Woche geöffnet.

3, Rue Victor Massé, 9. Arr., www.lapantruchoise.com, Telefon 0148785560, geöffnet Mo.–Fr. 12.30–14.00 & 19.30–21.30 Uhr, Preis Lunch € 19, Dinner € 38, Metro 2, 12 Pigalle/Saint Georges

⑪ Wenn du Lust auf eine Tasse Kaffee hast, geh ins **KB Café**. Die Baristas hier sind nicht nur sehr geschickt darin, einen guten Cappuccino oder Espresso zuzubereiten, sondern rösten auch ihre eigenen Bohnen und backen ihren eigenen Kuchen. Wer nicht genug von der Hausmischung bekommt, kann sie auch vor Ort kaufen oder online bestellen.

53, Avenue Trudaine, 9. Arr., kbcoffeeroasters.com, Telefon 015692141241, geöffnet Mo.–Fr. 7.45–18.30 Uhr, Sa–So 9.00–18.30 Uhr, Preis Kaffee € 4,50, Metro 2, 12 Pigalle

⑫ Lust auf einen Drink? Das **Café Dunkerque** zählt zu den trendigsten Bars in Pigalle mit verschiedenen Rumsorten, Cocktails und besonderen Bieren. Bestell dazu eines der Hors d'œuvre und du hast das perfekte Rezept für einen langen, gelungenen Abend. Du kannst hier auch prima zu Abend und Mittag essen.

1, Avenue Trudaine, 9. Arr., www.cafedunkerque.com, Telefon 0142811134, geöffnet täglich 8.00–2.00 Uhr, Preis € 19, Metro 2 Anvers

⑭ Das legendäre Restaurant **Bouillon Chartier** existiert schon seit 1896 und ist ein Klassiker. Das Konzept ist immer gleich geblieben: gutes Essen und ausgezeichneter Service für wenig Geld. Man kann nicht reservieren, daher wächst die Schlange vor der Tür, je weiter der Abend voranschreitet. Tipp: Geh hier zur

14

11

14
CHARTIER

„deutschen" Uhrzeit essen. Dann liegst du oft zwischen zwei Schwüngen. Auf der umfangreichen Karte findest du alle typischen französischen Gerichte. Der große Speiseraum voller Glas und Spiegel ist ein historisches Denkmal.

7, Rue du Faubourg Montmartre, 9. Arr., www.bouillon-chartier.com, Telefon 0147708629, geöffnet täglich 11.30–23.00 Uhr, Preis € 15, Metro 8, 9 Grands Boulevards

⑮ Im ehemaligen Geschäft von Jean Paul Gaultier befindet sich das stylische **Daroco**. Das Interieur ist prächtig: Im Raum mit hoher Decke sitzt man an grünen Marmortischen, während charmante Kellner in gestreiften Pullovern die Gäste bedienen. Aus der offenen Küche werden Pizza aus dem Steinofen und luxuriöse Pastagerichte serviert. Ein Menü kostet 48 Euro, à la carte ist aber auch möglich. Das Daroco ist bestimmt nicht der billigste Italiener, aber einer der besten.

6, Rue Vivienne, 2. Arr., www.daroco.fr, Telefon 0142219371, geöffnet täglich 12.00–0.00 Uhr, Preis € 20, Metro 3 Bourse

⑱ In der Nähe des Palais Royal liegt das Zentrum von „Little Tokyo", die Rue Sainte-Anne und die Rue des Petits Champs. Japanische Expats kommen hierher, um ein Stück Heimat zu genießen, und stehen bei **Kotteri Ramen Naritake** gern für eine traditionelle japanische Ramensuppe Schlange. Die Ramen werden nach Geschmack mit Öl (Gita Gita) oder leicht (Sappari) zubereitet. Vergiss auf keinen Fall, eine Portion knusprige Gyoza zu bestellen.

31, Rue des Petits Champs, 1. Arr., FB Naritake Ramen, Telefon 0142860383, geöffnet Mo. & Mi.–So. 11.30–15.00 & 18.30–22.00 Uhr, Preis € 10, Metro 7, 14 Pyramides

⑲ Das **Télescope Café** ist ein minimalistisches und trendiges Café. Auf der Speisekarte stehen verschiedene Kaffee- und Teesorten sowie einiges Gebäck. Das Bananenbrot ist ein Muss! Ein schöner Ort für eine Pause, du kannst auch etwas mitnehmen und es im Garten des nahen Palais Royal genießen.

5, Rue Villédo, 1. Arr., Telefon 0142613314, insta@telescopecafe, geöffnet Mo.–Fr. 8.30–15.00 Uhr, Kaffeepreis € 4, Metro 7, 14 Pyramides

㉑ Im Garten des Palais Royal befindet sich das hübsche **Café Kitsuné**. Nimm an der Bar Platz für Kaffee und Kuchen oder schlender mit einem Coffee to go entlang an den Luxusläden und Galerien des Palais Royal. Bei schönem Wetter sitzt du wunderbar auf den grünen Stühlen am Springbrunnen.

51, Galerie de Montpensier, 1. Arr., www.maisonkitsune.com/mk/cafe-kitsune, Telefon 0140156231, geöffnet täglich 10.00–18.30 Uhr, Preis Kaffee € 4, Metro 1, 7 Palais Royal/Musée du Louvre

㉔ Die Terrasse des modernen **LouLou** liegt etwas fernab der Touristenströme, die durch den Jardin des Tuileries ziehen. Hier sitzt man wunderbar für einen schicken Lunch mit Ausblick über den Garten. Die Terrasse hat eine sonnige Lage, es gibt jedoch genug Schirme, um Schatten zu spenden. Von hier aus kann man in der Ferne sogar den Eiffelturm sehen. Ideal für ein romantisches Date!

107, Rue de Rivoli, 1. Arr., loulou-paris.com, Telefon 0142604196, geöffnet Mo.–Fr. 12.00–14.30 & 19.00–23.00 Uhr, Sa–So 12.30–14.30 & 19.00–23.00 Uhr, Preis € 30, Metro 1, 7 Palais Royal/Musée du Louvre

㉕ Auf der Place du Marché Saint-Honoré findest du verschiedene Essgelegenheiten, von einfach bis stilvoll. Zu Letzteren zählt **L'Absinthe**. Hier isst man sehr gute, schön arrangierte Fisch- und Fleischgerichte im klassisch-charmanten Interieur.

24, Place du Marché Saint-Honoré, 1. Arr., www.restaurantabsinthe.com, Telefon 0149269004, geöffnet Mo.–Do. 12.00–14.15 & 19.00–22.15 Uhr, Fr. 12.00–14.15 & 19.00–22.45 Uhr, Sa. 19.00–22.45 Uhr, Preis € 22, Metro 1 Tuileries

㉛ **Le Paris London** ist so ein typisches Bistro, wie es sie nur in Paris gibt. Gemütlich, lässig und mit einer Terrasse, die auf die imposante Kirche La Madeleine blickt. Mit einer Karte randvoll mit französischen Klassikern wie Croque-Monsieur und Entrecôte, gemischt mit Burgern und Pizza ist Paris London der perfekte Ort, um einem schönen Mittagessen oder der Lieblingsbeschäftigung der Pariser zu frönen, *Apéro* mit einer Käseplatte.

10, Place de la Madeleine, 8. Arr., www.leparislondon.com, Telefon 0147423392, geöffnet täglich 07.00–2.00 Uhr, Preis € 10, Metro 8, 12, 14 Madeleine

SHOPPEN

⑦ Das **Pois Plume** ist ein süßer Laden für die Allerkleinsten und ihre Eltern. Hier findest du Kleidung, schöne Dinge für das Kinderzimmer und Spielsachen. Das Sortiment ist sorgsam ausgewählt. Farben, Stoffe und die Kleidung: Alles zaubert ein Lächeln ins Gesicht. Und vermutlich schaffst du es nicht ohne ein originelles Mitbringsel nach draußen!

4, Rue Henry Monnier, 9. Arr., www.poisplume.com, geöffnet Di.–Sa. 11.00–19.30 Uhr, So. 12.30–19.00 Uhr, Metro Saint Georges

⑧ Wie es **Juju s'amuse** immer wieder schafft, so eine wunderbare Kleiderkollektion zusammenzustellen, ist unbegreiflich. Dass die aber ankommt, zeigt sich auch durch die Tatsache, dass Juju neben ihren Pariser Läden jetzt auch eine Filiale in New York eröffnet. Farbenfrohe, individuelle Items für modebewusste Damen.

3, Rue Henry Monnier, 9. Arr., www.jujusamuse.com, geöffnet Mo.–Sa. 10.30–19.30 Uhr, So. 15.00–19.00 Uhr, Metro Saint Georges

3

32
AISON
APÉRITIF ARTISANAL
APÉRITIF ARTISANAL

27

34
MAILLE

⑬ **À la Mère de Famille** gibt es seit 1761 und es ist damit vielleicht das älteste Süßwarengeschäft in Paris. Hier findest du Gebäck, Schokolade und Süßigkeiten. Die Fassade ist ein Blickfang, und einige der Dosen im Schaufenster sind mehr als ein paar Jahrzehnte alt.
35, Rue du Faubourg Montmartre, 9. Arr., www.lameredefamille.com, geöffnet Mo.–Sa. 9.30–20.00, So. 10.00–19.30 Uhr, Metro 7 Le Peletier

㉗ **Les Grands Magasins**, die großen Kaufhäuser, liegen direkt nebeneinander. Das bekannteste ist die Galeries Lafayette mit der wunderschönen Kuppel aus Glas und Stahl. Le Printemps ist weniger touristisch. Le Citadium verkauft neueste Sportartikel.
40, Boulevard Haussmann, 9. Arr., www.galerieslafayette.com, geöffnet Mo.–Sa. 10.00–20.00 Uhr, So. 11.00–20.00 Uhr, Metro 7, 8 Chaussée d'Antin – La Fayette

㉜ Im **Maison de la Truffe** duftet fast alles nach Trüffel. Im Restaurant kannst du luxuriöses Omelett mit Trüffelscheiben bestellen. Im Laden werden Butter, Chips und Olivenöl mit Trüffelaroma verkauft. Für Feinschmecker und Liebhaber!
3–5, Boulevard de la Madeleine, 9. Arr., www.maison-de-la-truffe.com, Telefon 0142979135, Geschäft Mo.–Sa. 10.00–20.30 Uhr, Restaurant 12.00–21.00 Uhr, Metro Madeleine

㉝ Bei **Fauchon**, gegründet 1886, findest du die raffiniertesten, luxuriösesten Herrlichkeiten. Das Angebot besteht aus unzähligen Gastronomieartikeln, einer Patisserie mit himmlischen Törtchen, einem Teesalon, dem Traiteur und einem Weinkeller. Für alle, die sich für edle Lebensmittel begeistern, ist Fauschon ein Fest.
24–26, Place de la Madeleine, 8. Arr., www.fauchon.com, Telefon 0170393800, geöffnet Mo.–Sa. Uhr 10.30–14.00 & 15.00–18.30 Uhr, Metro Madeleine

㉞ Bei **Maille** dreht sich seit 1747 alles um ein Produkt: Senf. Hier gibt es ganz besondere Sorten und Farben: brauner Senf mit Honig und Nüssen, roter Senf mit Beeren, grüner Senf mit frischen Gartenkräutern … Außerdem werden hier Essig und Öl aus Senf hergestellt. Die Senfprodute passen gut zu allen anderen französischen Delikatessen, die rund um die Madeleine angeboten werden.
6, Place de la Madeleine, 8. Arr., www.maille.com, geöffnet Mo.–Sa. 10.00–19.00 Uhr, Metro 8, 12, 14 Madeleine

FREIZEITTIPPS

② Dieser Basketballplatz ist eine auffällige und farbenfrohe Überraschung inmitten der typischen Pariser Gebäude. **Playground Duperré** ist für jeden zugänglich und erhält jedes Jahr einen neuen Look, der oft von bekannten Modedesignern entworfen wird. Ideal für ein besonderes Foto!

22, Rue Duperré, 9. Arr., täglich geöffnet, Eintritt frei, Metro 2, 12 Pigalle

⑯ In Paris gibt es zahlreiche Einkaufspassagen. Die mit Glaskuppeln gekrönten Kaufhausgalerien wurden im 19. Jahrhundert unter der Regie des Stadtarchitekten Haussmann erbaut, inspiriert vermutlich durch die Architektur der arabischen Suqs. Die am besten erhaltene und quirligste Passage ist die **Galerie Vivienne** aus dem Jahr 1823, komplett im Empirestil errichtet. Geh durch die Passage und entdecke die vielen außergewöhnlichen Boutiquen und Restaurants.

5, Rue de la Banque, 4, Rue des Petits-Champs, 6, Rue Vivienne, 2. Arr., www.galerie-vivienne.com, geöffnet täglich 9.00–20.00 Uhr, Metro 3 Bourse

⑰ Die **Place des Victoires** ist ein vergessener Ort in Paris. Auf diesem runden Platz befindest du dich abseits der Touristenströme. Hier kannst du herrlich bei diversen bekannten Modeketten shoppen. Der Platz wurde 1684 als Entourage für die Statue von Ludwig XIV. angelegt. Die Statue wurde im Laufe der Geschichte mehrfach zerstört, aber immer wieder aufgebaut.

Place des Victoires, 2. Arr., Metro 3 Bourse/Sentier

⑳ Der majestätische Schlossgarten **Jardin du Palais Royal** wird seit 1986 durch die schwarz-weißen Säulen von David Buren bereichert, was einen überraschenden Kontrast zwischen Klassik und Moderne schafft. In den dahinterliegenden Galerien befinden sich schöne Läden. So zum Beispiel Serge Lutens für Parfüm, Stella McCartney für ultrafeminine Kleidung mit britischem Touch, Pierre Hardy für hippe Schuhe und Journal Standard de Luxe mit einem schönen Basics-Angebot. Hier kannst du auch auf einer der herrlichen Terrassen eine Pause einlegen.

2, Place Colette, 1. Arr., www.palais-royal.monuments-nationaux.fr, geöffnet täglich Okt.–März 8.00–20.30 Uhr, Apr.– Sept. 8.00–22.30 Uhr, Eintritt frei, Metro 1, 7 Palais Royal/Musée du Louvre

20

13
ET CAKES
MAISON
CONFITURES
NOUGATS
MARRONS
GLACÉS
FLORENTINS
ORANGETTES
MENDIANTS
ICERIE FINE
35 VINS FINS DESSERTS
FRUITS
SECS
FRUITS
CONFITS
CHOCOLATS
THÉS
FABRIQUE
DE
CONFITURES
MÈRE DE FAMILLE
MAISON FONDÉE EN 1761

2
5
6
6
4
NEWYORK
AWAY

(29) Das berühmte Olympia-Theater wurde 1888 durch Joseph Oller erbaut, dem Gründer des Moulin Rouge, und ist das älteste Theater von Paris. Die ikonische rote Fassade stammt aus dem 19. Jahrhundert und ist ein echter Blickfang am Boulevard des Capucines. Die berühmtesten Künstler waren hier zu Gast: Céline Dion, The Beatles, The Rolling Stones und David Bowie. Vor allem ist **L'Olympia** jedoch wegen Edith Piaf bekannt. Sie machte sich in diesem Theater einen Namen und gab hier ihr letztes Konzert, einige Monate vor ihrem Tod. Wer Musik liebt, sollte ein Konzert in diesem legendären Saal besuchen.

28, Boulevard des Capucines, 9. Arr., www.olympiahall.com, Öffnungszeiten siehe Website, Metro 3, 7, 8 Opéra

ROUTE 3

LES HALLES & LE MARAIS

INFOS ZUR ROUTE

Die Tour verläuft auf dem rechten Ufer durch das 1., 3. und 4. Arrondissement. Diese Wanderung ist samstags nicht so empfehlenswert, weil dann viele Geschäfte und Restaurants im Jüdischen Viertel geschlossen sind. Nimm dir die Zeit, regelmäßig eine Pause auf einer Terrasse einzulegen und dich umzuschauen. Hier kannst du in Ruhe den ganzen Tag schlendern und all die unerwarteten Plätze, Terrassen, verborgenen Gassen und interessanten Läden genießen.

DIE VIERTEL

Die Viertel Les Halles und Le Marais liegen am rechten Ufer nebeneinander. In Les Halles befanden sich früher die Markthallen. Rundum liegen Restaurants, in denen die Kaufleute kräftige Suppen aßen. 1969 wurde der größte Lebensmittelmarkt von Paris in eine Vorstadt verlagert und die Hallen wurden unter Protest abgerissen. Stattdessen wurde ein unterirdisches Einkaufszentrum errichtet: **Forum des Halles**. Der Charakter der Gegend veränderte sich, die Mieten zogen an und die Bewohner mussten notgedrungen umziehen. Nur einige authentische Restaurants sind geblieben. Das Umfeld wurde mittlerweile grundlegend renoviert.

Ein anderes Gebäude, das für Veränderung sorgte, ist das **Centre Pompidou**. Bei seiner Eröffnung 1977 gab es wegen seiner auffallenden Optik mit Leitern und Belüftungsrohren viel Kritik an diesem Zentrum für zeitgenössische Kunst. Mittlerweile ist das Gebäude aus dem Stadtbild nicht mehr wegzudenken. Das Viertel rund um das Centre Pompidou ist nahezu autofrei und es wimmelt von Geschäften. Auch das **Hôtel de Ville** steht in diesem Viertel. Dieses prächtige, imposante Gebäude bildet das Zentrum der Stadt. Die **Rue de Rivoli** eignet sich gut, um bei typisch französischen Ketten zu shoppen.

Le Marais war früher ein Sumpfgebiet, das häufig überschwemmt wurde. Ab dem 6. Jahrhundert führte man Versuche durch, das Gebiet trockenzulegen,

ohne Erfolg. Im 12. Jahrhundert wu
lang die Trockenlegung doch noch, u
ung. Der Adel ließ **Hôtels Particulie**
und die **Place des Vosges** wurde ar
Marais ist ein charmantes Viertel mi
Restaurants, verborgenen Innenplät
sind auch viele Schwulenbars zu fin

WENIG ZEIT? DAS SIND DIE H

Centre Pompidou + Le Village Sai
+ Rue des Rosiers + Le Marché de

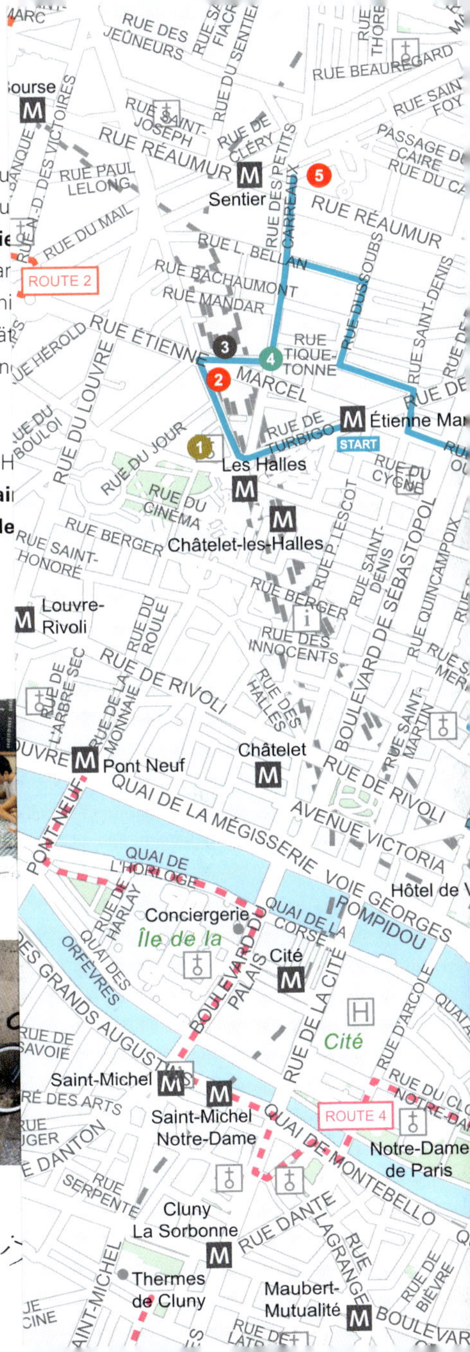

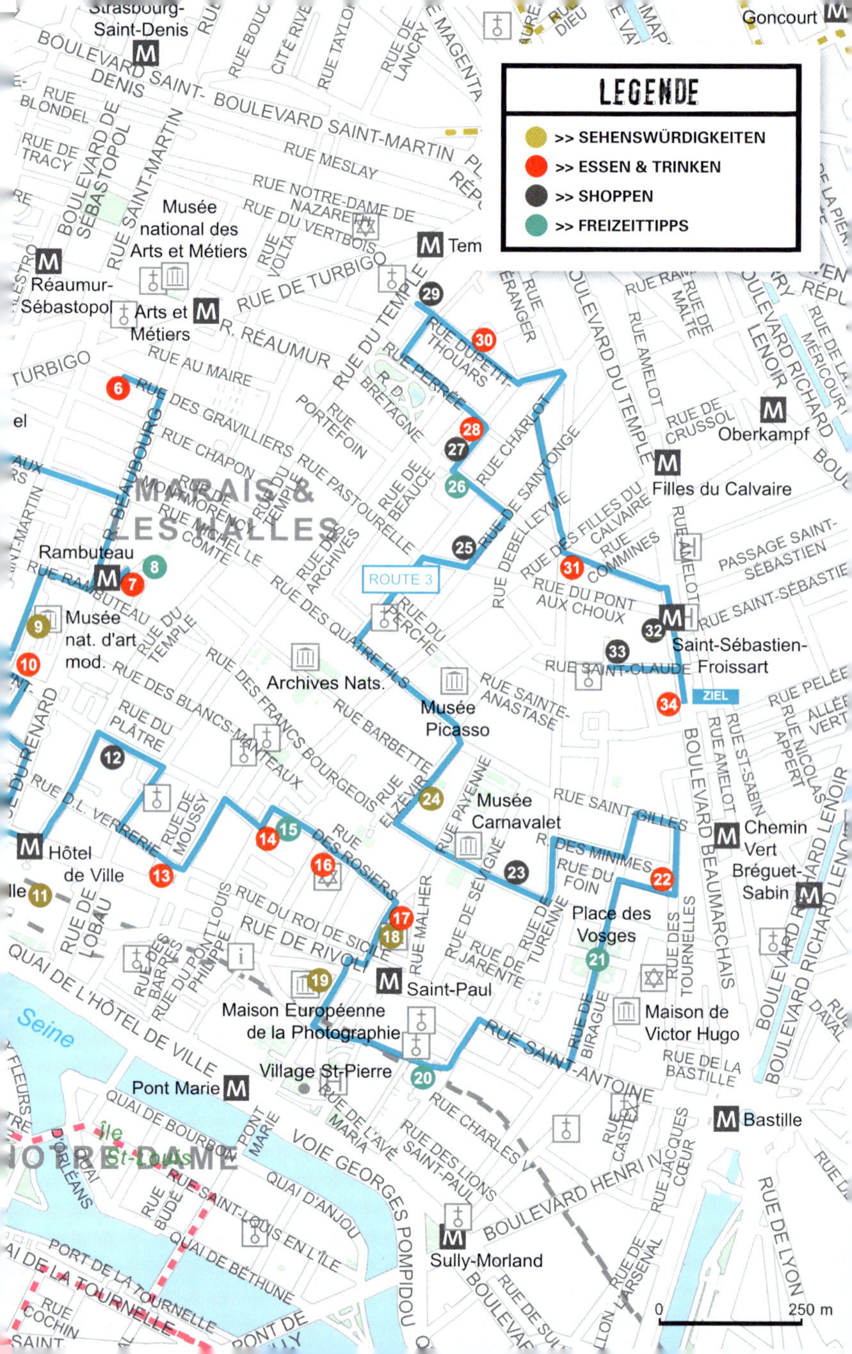
LEGENDE
>> SEHENSWÜRDIGKEITEN
>> ESSEN & TRINKEN
>> SHOPPEN
>> FREIZEITTIPPS
MARAIS & LES HALLES
NOTRE-DAME
ROUTE 3
ZIEL
Strasbourg-Saint-Denis
Goncourt
Musée national des Arts et Métiers
Réaumur-Sébastopol
Arts et Métiers
Rambuteau
Musée nat. d'art mod.
Archives Nats.
Musée Picasso
Musée Carnavalet
Place des Vosges
Maison de Victor Hugo
Hôtel de Ville
Maison Européenne de la Photographie
Village St-Pierre
Saint-Paul
Pont Marie
Sully-Morland
Bastille
Chemin Vert
Bréguet-Sabin
Saint-Sébastien-Froissart
Filles du Calvaire
Oberkampf
Île St-Louis
Seine
BOULEVARD SAINT-DENIS
BOULEVARD SAINT-MARTIN
BOULEVARD DE SÉBASTOPOL
RUE SAINT-MARTIN
RUE DE TURBIGO
R. RÉAUMUR
RUE AU MAIRE
RUE DES GRAVILLIERS
RUE CHAPON
RUE BEAUBOURG
RUE RAMBUTEAU
RUE DU TEMPLE
RUE DES ARCHIVES
RUE DES QUATRE FILS
RUE DES FRANCS BOURGEOIS
RUE DES BLANCS-MANTEAUX
RUE DE LA VERRERIE
RUE DES ROSIERS
RUE DU ROI DE SICILE
RUE DE RIVOLI
RUE SAINT-ANTOINE
RUE DE TURENNE
RUE CHARLOT
RUE DE SAINTONGE
RUE DE BRETAGNE
RUE PERRÉE
RUE DUPETIT-THOUARS
RUE DEBELLEYME
RUE DES FILLES DU CALVAIRE
RUE DU PONT AUX CHOUX
RUE SAINT-CLAUDE
RUE SAINT-GILLES
R. DES MINIMES
RUE DU FOIN
RUE DE BIRAGUE
RUE DES TOURNELLES
BOULEVARD BEAUMARCHAIS
BOULEVARD DU TEMPLE
BOULEVARD RICHARD LENOIR
BOULEVARD HENRI IV
QUAI DE L'HÔTEL DE VILLE
QUAI DE BOURBON
QUAI D'ANJOU
QUAI DE BÉTHUNE
VOIE GEORGES POMPIDOU
0
250 m

BESCHREIBUNG ROUTE 3 (ca. 10,3 km)

An der Metrostation Étienne Marcel durch die Rue de Turbigo und dann rechts in die Rue Montmartre 1 2 und die Rue Tiquetonne 3 zur Rue Montorgueil 4. Weitergehen zur Rue des Petits Carreaux zu einem Sternerestaurant 5. Jetzt zurück und links in die Rue Saint-Sauveur und dann rechts in die Rue Dussoubs. Nimm links die Rue Tiquetonne, rechts die Rue St Denis und dann links die Rue Étienne Marcel. An der Rue Beaubourg links ab. Geh links zur Rue Gravilliers zu einem Restaurant 6 oder bieg rechts ab und lauf durch die Rue Rambuteau. Lauf nach rechts. Geh in die Impasse Berthaud 7. Mach Pause in einem ganz besonderen Garten 8. Links liegt das Centre Pompidou 9 10. An den Springbrunnen entlang zur Rue du Renard, dort nach rechts zum Hôtel de Ville 11. Nimm die Rue de Temple und bieg in die zweite Straße rechts ein 12. Rechts weiter auf die Rue du Archives und dann in die Rue de la Verrerie 13. Weiter durch die Rue de la Verrerie und dann links in die Rue du Bourg Tibourg. Am Ende der Straße gehst du nach rechts. Nach 14 gehst du links und direkt wieder rechts in die Rue des Rosiers 15. In der ersten Straße rechts gibt es Pitabrote 16. Lauf durch die Rue des Rosiers 17 und an der Rue Pavée nach rechts 18. Überquer die Straße und geh an der Metrostation Saint-Paul in die Rue de Fourcy zu 19. Lauf durch die Rue Charlemagne und bieg links ab 20. Am Ende der Straße nach links und an der Rue Saint-Antoine nach rechts. An der Rue de Birague links zur Place des Vosges 21. Spaziere unter dem Bogen durch und nimm die erste Straße rechts, die Rue Roger Verlomme. Hier liegt ein französisches Restaurant 22. Bieg links ab und dann wieder links in die Rue Saint-Gilles. Geh in die Rue des Francs Bourgeois mit schönen Läden 23. Weiter zur Rue Elzevir und dann zum Musée Cognacq-Jay 24. Links in die Rue de la Perle einbiegen und dann rechts in die Rue Vieille du Temple. Nimm die zweite Straße rechts, die Rue de Poitou, und dann die erste links für einen ungewöhnlichen Concept Store 25. Lauf links die Rue de Bretagne hoch 26 und dann die zweite rechts 27 28. Geh am Square du Temple entlang und nimm die dritte Straße rechts 29. Über die Rue Dupetit Thouars 30 zur Rue de Franche Comté. Nimm am kleinen Platz die erste Straße rechts. Jetzt in die Rue de Normandie bis zur Kreuzung mit der Rue de Turenne. Hier schräg links in die Rue Froissart 31. Auf dem Boulevard Beaumarchais gehst du rechts zu Merci 32, The Frankie Shop 33, Maison Plisson 34.

SEHENSWÜRDIGKEITEN

① Wegen Geldmangels zog sich der Bau dieser Kirche über mehr als ein Jahrhundert hin (von 1532 bis 1637). Zwischenzeitlich änderte sich der Stil, und das sieht man dem Mix aus Gothik und Renaissance auch an. Die Grundstruktur der **Église Saint-Eustache** ähnelt der von Notre-Dame. Berühmtheiten wie Richelieu, Molière und Madame de Pompadour wurden hier getauft. Und das Kuriose? Im Inneren befindet sich ein Triptychon von Keith Haring, unerwartet, aber toll!
2, Impasse Saint-Eustache, 1. Arr., www.saint-eustache.org, Telefon 0142363105, geöffnet Mo.–Fr. 9.30–19.00 Uhr, Sa. 10.00–19.15 Uhr, So. 9.00–19.15 Uhr, Eintritt frei, Metro 4 Les Halles

⑨ Das **Centre Pompidou** – umgangssprachlich „Beaubourg“ genannt – ist ein Entwurf der Architekten Renzo Piano und Richard Rogers. Bei der Eröffnung 1977 gab es für das Gebäude viel Kritik, denn alle Leitungen sind von außen zu sehen; es wurde aber schnell zum wichtigen Ort in Paris. Die Daueraustellung besteht aus über 1.400 Kunstwerken. Außerdem gibt es Sonderausstellungen, Filmvorführungen und Konferenzen. Besuch den großen Buchladen und genieß ganz oben den tollen Blick über die Stadt.
Place Georges-Pompidou, 4. Arr., www.centrepompidou.fr, geöffnet Mo. & Mi.–So. 11.00–21.00 Uhr, Eintritt € 14, nur Dachterrasse € 5, Metro 11 Rambuteau/Hôtel de Ville

⑪ Seit Jahrhunderten ist das **Hôtel de Ville de Paris** Zentrum des politischen Lebens in Paris. Während der Monarchie war der große Platz vor dem Stadthaus Schauplatz öffentlicher Hinrichtungen. 1871 steckten die Kommunarden (Anhänger der Revolutionsregierung in Paris) das Gebäude in Brand. Danach wurde es komplett nach dem ursprünglichen Entwurf restauriert. In einem Saal sind an der Seite oft schöne Sonderausstellungen zu sehen, erreichbar über den Seiteneingang.
Place de l'Hôtel de Ville, 4. Arr., www.paris.fr/pages/visiter-l-hotel-de-ville-2316, öffentliche Führungen nach Reservierung, Eintritt frei, Metro 1, 11 Hôtel de Ville

⑱ 1914 wurde die **Synagogue Agudath Hakehilot** nach dem Entwurf des Art-nouveau-Architekten Hector Guimard erbaut, der auch die grünen, gusseisernen Metro-Eingänge gestaltete. Im Zweiten Weltkrieg sprengten die Deutschen die Synagoge, die danach aber restauriert wurde. Heute ist sie ein Nationaldenkmal.

IMMACVLATÆ · VIRGINI · MARIÆ
DE · QVA · NATVS · EST

⑪

10, Rue Pavée, 4. Arr.,www.pavee.fr, nicht für den Publikumsverkehr geöffnet, Metro 1 Saint Paul

⑲ Das **MEP**, Maison Européenne de la Photographie, beherbergt Werke großer Namen wie Helmut Newton, Martin Parr und Sarah Moon. Es finden wechselnde Präsentationen statt. Sehenswert ist auch die Bibliothek im Erdgeschoss.
5–7, Rue de Fourcy, 4. Arr., www.mep-fr.org, geöffnet Mi. & Fr. 11.00–20.00 Uhr, Do. 11–22.00 Uhr, Sa.–So. 10.00–20.00 Uhr, Eintritt € 10, Metro 1 Saint Paul, Metro 7 Pont Marie

㉔ Das **Musée Cognacq-Jay** ist ein eher unbekanntes, aber fantastisches Museum. Hier kannst du die Privatkollektion bewundern, die Ernest Cognacq und seine Frau Marie-Louise Jay zwischen 1900 und 1925 gesammelt haben. Für alle ein Geheimtipp, die Bilder, Porzellan und Möbel aus dem 18. Jahrhundert lieben.
8, Rue Elzévir, 3. Arr., www.museecognacqjay.paris.fr, geöffnet Di.–So. 10.00–18.00 Uhr, Eintritt ständige Sammlung frei, Metro 1 Saint Paul, Metro 8 Chemin Vert

ESSEN & TRINKEN

② Das **Comptoir de la Gastronomie** eröffnete Ende des 19. Jahrhunderts seine Épicerie fine mit traditionellen Produkten wie Foie Gras und Räucherfisch. Im zugehörigen Restaurant speist du regionale französische Produkte wie Esgargots de Bourgogne, Confit de Canard, Foie Gras mit Honig und Crème Brûlée. Zu jedem Gericht sollte ein guter Wein gehören. Das Personal berät gern.
34, Rue Montmartre, 1. Arr., www.comptoirdelagastronomie.com, Restaurant geöffnet Di–Sa 12.00–14.30 & 19.00–22.30 Uhr & Laden Mo.–Sa. 09.00–20.00 Uhr, Preis € 20, Metro 4 Les Halles

⑤ Das **Frenchie** öffnete seine Türen 2009 und ist seither in Paris zum Begriff geworden. Die Küche wird von Gregory Marchand geführt, der den Beinamen „Frenchie" in der Küche von Jamie Oliver erhielt. Hier werden Gerichte mit französischen Wurzeln und internationalem Touch geboten. Reservieren ist empfehlenswert, aber wenn es keinen freien Tisch gibt – Frenchie hat auch eine schöne Weinbar. Oder du entscheidest dich für einen Lunch bei Frenchie to go.
6, Rue du Nil, 2. Arr. www.frenchie-restaurant.com, geöffnet Mo.–Mi. 18.00–22.00 Uhr, Do.–Fr. 12.00–14.00 & 18.00–22.00 Uhr, Preis Fünfgängemenü € 115, Metro 3 Sentier

⑥ Das **Derrière** liegt verborgen auf einem Platz neben zwei anderen schönen Lokalitäten desselben Besitzers: **404**, ein marokkanisches Restaurant, und **Andy Whaloo** mit tollen Cocktails. Bei Derrière sind alle Plätze individuell, aber wohnlich gestaltet. Du kannst einen Tisch im „Schlafzimmer" erhalten, zwei der Sitzplätze befinden sich auf dem Bett. Hierher kommt man eher für das Erlebnis als für das Essen – das ist Standard. Ein guter Tipp ist das Brunch-Buffet am Wochenende.
69, Rue des Gravilliers, 3. Arr., derriere-resto.com, Telefon 0144619195, geöffnet Mi.–Sa. 12.00–14.30 & 19.30–23.00 Uhr, So. 12.00–16.00 & 19.30–23.00 Uhr, Preis Hauptgericht € 30, Brunch sonntags € 39, Metro 3, 11 Arts et Metiers

⑦ Versteckt in einer Seitenstraße liegt **Le Hangar**. Dieses klassische französische Bistro ist ein Geheimtipp unter Einheimischen. Freu dich auf klassische französische Gerichte wie Gänseleber und Entenconfit, die ohne viel Aufhebens serviert werden. Die Weinkarte ist umfangreich und die Bedienung freundlich. Wenn du authentische französische Küche kosten möchtest, bist du hier genau richtig.

12, Impasse Berthaud, 3. arr., Telefon 0142745544, geöffnet Di.–Sa. 12.00–14.30 & 18.45–23.00, Preis € 20, Metro 11 Rambuteau

⑩ Philippe Starck entwarf die moderne Deko des hippen **Georges**. Dieses Restaurant liegt in der oberen Etage des Centre Pompidou. Du fährst mit der Rolltreppe ganz nach oben und hast dort einen fantastischen Blick über die Stadt. Der hat natürlich seinen Preis. Das Personal ist ein Team aus Models, hier ist es also in jeder Hinsicht luxuriös.
Place Georges-Pompidou, 4. Arr., restaurantgeorgesparis.com, Telefon 0144784799, geöffnet Mo. & Mi.–So. 12.00-2.00 Uhr, Preis € 38, Metro 11 Rambuteau, Metro 1, 11 Hôtel de Ville

⑬ Von außen fällt das Bistro **Les Mauvais Garçons** wegen seiner grünen Fassade auf. Im schlichten Interieur mit kleinen Tischen werden vorzügliche französische Gerichte mit Einflüssen aus Lyon serviert. Vorgerichte wie Camembert Grillé oder Gratinée à l'oignon, Hauptgerichte wie Magret de Canard und Desserts wie Tarte à la Praline Rose – das klingt und schmeckt alles hervorragend!
4, Rue des Mauvais Garçons, 4. Arr., fb@lesmauvaisgarconsparis, Telefon 0142727497, geöffnet täglich 11.00–23.00 Uhr, Preis € 24, Metro 1, 11 Hôtel de Ville

⑭ Das **Au Petit Fer à Cheval** im Le Marais ist ein echter Klassiker. Das Café verdankt seinen Namen der hufeisenförmigen Bar aus Zink. Die kleine Terrasse ist ideal zum Beobachten von Menschen, die durch die belebte Straße hasten. Die Küche ist von 12.00 bis 1.15 Uhr nonstop geöffnet – eine Seltenheit in Paris! Hier kannst du also jeden Tag brunchen.
30, Rue Vieille du Temple, 4. Arr., www.cafeine.com, Telefon 0142724747, geöffnet täglich 09.00–02.00 Uhr, Preis € 15, Metro 1, 11 Hôtel de Ville, 1 Saint Paul

⑯ Bei **Miznon** bekommst du die leckersten Pitabrote der Stadt. „Miznon" ist hebräisch für „Buffet". Das bedeutet hier, dass du an der Bar bestellst und aus den Zutaten auswählst, die auf der Tafel stehen. Die verschwinden alle zusammen in deinem Pitabrötchen. – Lust auf Süßes? Dann lass dir eine Pita Banane-Schokolade zubereiten. Du kannst an der Bar oder im Speiseraum essen.
22, Rue des Écouffes, 4. Arr., www.miznonparis.com, Telefon 0142748358, geöffnet Mo. bis Do. & So. 12.00–23.00 Uhr, Fr. 12.00–16.00 Uhr, Preis € 13, Metro 1 Saint Paul

17
* Sunday brunch

34

22
CHEZ JANOU

⑰ Der Teesalon **Le Loir dans la Théière** ist eine Adresse, um den ganzen Nachmittag zu bleiben. Lass dich in die gemütlichen Clubsessel sinken und genieß Tee zu unbeschreiblich leckerer Tarte au Citron-Meringuée oder einem anderen Megastück des großen Angebots an frisch gebackenen Kuchen.
3, Rue des Rosiers, 4. Arr., www.leloirdanslatheiere.com, Telefon 0142729061, geöffnet täglich 09.00–19.30 Uhr, Preis Lunch € 18, Metro 1 Saint Paul

㉒ Für eine traditionelle französische Mahlzeit besuchst du das **Chez Janou**. Dieses charmante Bistro serviert klassische Gerichte aus der Provence wie Brandade de morue (Püree aus gesalzenem Kabeljau), Ratatouille und Lavendel Crême Brulée. Drinnen sitzt man, wie in vielen französischen Bistros, eng beieinander, aber auch draußen auf der Terrasse kann man sich gut aufhalten. Oder du nimmst einen Drink an der Bar.
2, Rue Roger Verlomme, 3. Arr., www.chezjanou.com, Telefon 0142722841, geöffnet Mo.–Sa. 12.00–2.00 Uhr, So. 12.00–22.00 Uhr, Preis Hauptgericht € 22, Metro 8 Chemin Vert

㉘ Der Name **Paris New York** symbolisiert, was du in diesem Restaurant bestellen kannst: Hamburger im New-York-Style. Das Restaurant hebt sich von anderen Burger-Restaurants in Paris durch die moderne, frische Einrichtung und qualitativ hochwertige Burger ab. Das Preis-Qualitätsverhältnis ist für Paris sehr gut: für 15 Euro erhält man einen Burger mit Pommes frites und ein Getränk.
1, Rue Perrée, 3. Arr., www.pnyburger.com, Telefon 0147701524, geöffnet täglich 12.00–15.00 & 19.00–23.30 Uhr, Preis Menü € 15, Metro 3 Temple

㉚ Pariser sind große Brunch-Fans und eine der beliebtesten Adressen im Marais ist das hippe **Season**. Auf der umfangreichen Karte stehen süße und herzhafte Gerichte, davon viele vegetarische oder vegane Optionen. Vor allem sonntags ist viel los, und da man nicht reservieren kann, ist es ratsam, früh zu kommen.
1, Rue Charles-François Dupuis, 3. Arr., www.season-paris.com, Telefon 0967175297, geöffnet Mo. 11.00–19.00 Uhr, Di.–Sa. 10.00–20.00 Uhr, So. 11.00–19.00 Uhr, Preis € 10, Metro 3 Temple

㉛ Leg bei **Le Mary Céleste** an der großzügigen Holzbar mit großen Fenstern eine Pause ein. In der Austernsaison (von September bis April) teilst du dir hier eine Schale Austern. Oder du nimmst ein Gericht von der täglich wechselnden Speisekarte und beschließt den Abend mit einem Cocktail.

1, Rue Commines, 3. Arr., www.lemaryceleste.com, Telefon 0980729883, geöffnet Mo.–Fr. 12.00–15.00 & 18.00–02.00 Uhr, Sa.–So. 12.00–02.00 Uhr, Preis Cocktail € 12, Austern pro Stück € 2–5, Metro 8 Filles de Calvaire

(34) Restaurant, Metzger, Käsehändler, Weinladen und noch mehr ... Das **Maison Plisson** ist all das und ein Muss für echte Foodies. Das Maison Plisson öffnete 2014 am Boulevard Beaumarchais und war von Anfang an ein echter Hit. Der 500 Quadratmeter große Raum ist zweigeteilt: Rechts befindet sich ein kleiner Supermarkt mit frischen, qualitativ hochwertigen Produkten. Links befindet sich ein Lunchrestaurant, in dem diese Produkte durch Küchenchef Bruno Doucet in herrliche Gerichte verzaubert werden.

93, Boulevard de Beaumarchais, 3. Arr., www.lamaisonplisson.com, Telefon 0171181909, Restaurant & Laden geöffnet Mo.–Sa. 8.3–21.00 Uhr, So. 8.30–20.00 Uhr, Preis € 18, Metro 8 Chemin Vert

SHOPPEN

(3) Einen Mix aus neuen, angesagten Marken und Vintage gibt es im Conceptstore **Kiliwatch**. Sowohl für Männer als auch für Frauen wird hier eine große Auswahl an Kleidung und Accessoires angeboten. Erwarte hier keine Wühltische mit Sonderangeboten, sondern ein umfassendes, gut eingekauftes Sortiment.

64, Rue Tiquetonne, 2. Arr., kiliwatch.paris, Telefon 0142211737, geöffnet Mo. 10.30–19.00 Uhr, Di.–Sa. 10.30–19.30 Uhr, Metro 4 Étienne Marcel

(12) **Fleux** ist ein superschöner Conceptstore. In dieser Straße findest du verschiedene Filialen davon. Die Läden sind groß und einige erstrecken sich über mehrere Gebäude. Über einen Innenhof geht es hinüber in das nächste Geschäft. Französische und internationale Designer entwerfen allerlei schöne Dinge für zu Hause und Schönes für Kinder wie Spiele und Gadgets. Vor Feiertagen wie Weihnachten herrscht hier großer Trubel.

39, Rue Sainte-Croix de la Bretonnerie, 4. Arr., www.fleux.com, Telefon 0153009330, geöffnet Mo.–Sa. 11–20 Uhr, So. 13.15–19.30 Uhr, Metro 1, 11 Hôtel de Ville

Get your souvenirs
12
Fleux

12

I LOVE YOU. IN FRENCH

33

23

HOME
AUTOUR DU MONDE
BENSIMON COLLECTION
SOLDES BENSIMON
LOVE SALE

㉓ Nahezu jeder Franzose, ob Jung oder Alt, hat ein paar Turnschuhe von Bensimon im Schrank. Der Conceptstore der beliebten Marke **Home Autour du Monde** verkauft sie in allen Sorten und Größen. Außerdem findest du hier die Bensimon-Bekleidungskollektion und ein sehr schönes Sortiment Möbel, Schönes für die Wohnung und Geschenkartikel.

8, Rue des Francs Bourgeois, 3. Arr., www.bensimon.com, Telefon 0142770608, geöffnet Mo.–Sa. 11.00–19.00 Uhr, So. 13.00–19.00 Uhr, Metro 1 Saint Paul, Metro 8 Chemin Vert

㉕ Der ursprünglich koreanische Conceptstore **Tom Greyhound** liegt in einer Nebenstraße der belebten, mit Straßencafés gefüllten Rue de Bretagne. Tom Greyhound ist bei den Einheimischen für modernes, spezielles Interieur bekannt und ein wahrer Quell an Inspiration. An den Ständern hängt eine Mischung der exklusivsten, modernen und fortschrittlichsten Topmarken. Hier findest du auch eine feine Auswahl an Accessoires und Lifestyleprodukten.

19, Rue de Saintonge, 3. Arr., www.tomgreyhound.com, Telefon 0144613659, geöffnet Mo.–Sa. 11.00–19.00 Uhr, Metro 8 Saint-Sébastien – Froissart

㉗ **Empreintes** ist eine Art Laden, die du in Paris nicht häufig finden wirst. Schon die Größe des Geschäfts ist beeindruckend: Der 600 Quadratmeter große Raum verteilt sich über vier Etagen voller Kunstgegenstände. Hier findet man eine umfangreiche Auswahl Küchenwaren, Deko, Möbel und Kunstobjekte. Die Preise variieren von 20 Euro bis 10.000 Euro.

5, Rue de Picardie, 3. Arr., www.empreintes-paris.com, geöffnet Di.–Sa. 11.00–13.00 & 14.00–19.00 Uhr, Metro 3 Temple

㉙ In der Nähe der Place de la Republique liegt **0fr**, der avantgardistischste Buchladen von Paris. Das Geschäft steht wegen der diversen Zeitschriften vor allem bei Modeliebhabern und Kunstfans hoch im Kurs. Außerdem findet man eine umfassende Auswahl Fotografiebücher. 0fr ist nicht nur ein Laden, sondern auch unabhängiger Herausgeber und Kunstgalerie. Das freundliche Personal wird dir gern über die monatlichen Ausstellungen berichtet, die 0fr organisiert.

20, Rue Dupetit-Thouars, 3. Arr., insta@ofrparis, geöffnet täglich 10.00–20.00 Uhr, Metro 3 Temple

㉜ **Merci** ist ein Concept-Charity-Store: ein Teil des Gewinns fließt in einen Fonds, aus dem unter anderem Schulessen für Kinder in Madagaskar finanziert wird. Das Minikaufhaus bietet eine originelle Kollektion Mode- und Küchenartikel, Deko und Möbel. Alles hier ist hip und nachhaltig. **La Cantine Merci**, im Keller, ist ein beliebter Ort für den Lunch. Im Erdgeschoss liegt das Used Book Café. Eine Tür weiter hat das Merci Cinema Café seinen Sitz und ein Stück weiter, an Nummer 91, die zugehörige Pizzeria Grazie.
111, Boulevard Beaumarchais, 3. Arr., www.merci-merci.com, geöffnet Mo.–Sa. 11.00–19.30 Uhr, So 11.00–19.00 Uhr, Metro 8 Saint-Sébastien – Froissart

㉝ **The Frankie Shop** gehört zu den Läden, die man einfach leerkaufen möchte. Hier gibt es exklusive Items, die den Pariser Stil verkörpern: Oversized-Jacken, Jeans, Tops und schöne, qualitativ hochwertige Accessoires.
14, Rue Saint-Claude, 3. Arr., www.thefrankieshop.com, geöffnet Mo.–Fr. 12.00–19.00 Uhr, Sa. 11.00–19.00 Uhr, So. 14.00–18.00 Uhr, Metro 8 Saint-Sébastien – Froissart

FREIZEITTIPPS

④ Zwischen Les Halles und les Grands Boulevards liegt die **Rue Montorgueil**, ein kleines Dorf mitten in Paris. Sie beherbergt einige der besten kulinarischen Fachgeschäfte der Stadt. Besuch zum Beispiel das **La Maison Stohrer** für Patisserie, **La Fermette** für Käse und **Nicholas** für Wein. In den Seitenstraßen findest du schöne Modeläden, traditionelle Bistros, trendige Bars und Restaurants.
Rue Montorgeuil, 2. Arr., Metro Sentier

⑧ Etwas versteckt hinter dem Centre Pompidou liegt der **Jardin Anne Frank** an der Ecke der Rue du Temple, Rue Rambuteau und Rue Beaubourg – der perfekte Ort, um sich vom Trubel zurückzuziehen. Such nach dem Kastanienbaum von Anne Frank: Ein Steckling des in ihrem Tagebuch beschriebenen Baums wurde 2007 durch das Amsterdamer Anne-Frank-Haus gepflanzt. Im Jardin liegt auch das Musée de la Poupée, ein Puppenmuseum.
14, Impasse Berthaud, 3. Arr., https://paris.fr/equipements//jardin-anne-frank-2737, geöffnet täglich 10.00–17.45 Uhr, Eintritt frei, Metro 11 Rambuteau

⑮ Die **Rue des Rosiers** ist eine lebendige Straße voller jüdischer Restaurants. Die Pariser holen sich hier am Wochenende gern Falafel, die es zum Beispiel bei L'As du Falafel gibt. Freitagabend und Samstag, während des Sabbats, sind einige der Kneipen geschlossen. Wer sitzen möchte, kann versuchen, bei Chez Marianne einen Tisch zu erobern, an der Ecke mit der Rue des Hospitalières-Saint-Gervais.

Rue des Rosiers, 4. Arr., Metro 1 Saint Paul

⑳ **Le Village Saint-Paul**, das Dorf in der Stadt, wurde errichtet, als die Nachbarschaft renoviert wurde. Ein Irrgarten aus Innenhöfen mit Galerien, Buchhandlungen, Antikläden, Restaurants und Cafés. Das Schlendern durch diese geschützte, lauschige Umgebung ist ein echter Genuss.

Le Village Saint-Paul, zwischen Quai des Celestins, Rue Saint-Paul und Rue Charlemagne, 4. Arr., www.levillagesaintpaul.com, geöffnet täglich 7.00–19.00 Uhr, Metro 1 Saint Paul, 7 Pont Marie

* relax for a while

(21) Viele sind der Ansicht, dass die **Place des Vosges** der schönste Platz in Paris ist. Le Marais war bei Aristokratie und reichem Bürgertum ein beliebtes Wohnviertel. Das brachte Henri IV. 1605 auf die geniale Idee, einen rechteckigen Park anzulegen, umsäumt von 36 Wohnhäusern. Viele berühmte Franzosen wollten hier wohnen: Kardinal Richelieu wählte die Nummer 21, Schriftsteller Victor Hugo die Nummer 6. Ein herrlicher Ort, um auf einer Bank oder auf einer der schönen Terrassen zu sitzen.

Place des Vosges, 4. Arr., Metro 1 Saint Paul, 1, 5, 8 Bastille

(26) Hier befindest du dich auf dem ältesten Markt von Paris. Er verdankt seinen Namen dem Waisenhaus, das sich hier früher befand und in dem die Kinder rote Kleidung trugen. In der überdachten Halle bieten rund zwanzig Verkäufer nahezu täglich allerlei frische Produkte an. Aber **Le Marché des Enfants Rouges** beherbergt vor allem auch eine Ansammlung Essgelegenheiten, zu denen die Pariser aus allen Ecken der Stadt zum Frühstück, Lunch oder Dinner strömen.

39, Rue de Bretagne, 3. Arr., geöffnet Di.–Sa. 8.30–19.30 Uhr, So. 8.30–14.00 Uhr, Metro 8 Filles du Calvaire

ROUTE 4

L'ÎLE DE LA CITÉ, QUARTIER LATIN & SAINT-GERMAIN-DES-PRÉS

INFOS ZUR ROUTE

Diese längere Tour führt dich am linken Ufer der Seine unter anderem durch das 5. und 6. Arrondissement. Du kannst sie eventuell auf zwei Tage aufteilen, sodass du die schönen Parks, die du unterwegs siehst, auch genießen kannst. Das 5. Arrondissement (bis Adresse 23) ist vor allem tagsüber interessant, das 6. eher zu Beginn des Abends, also empfehlenswert für Drinks und Abendessen (Adresse 24 bis 34).

DIE VIERTEL

Im Zentrum der Stadt, vom Wasser der Seine umgeben, liegen die Inseln **Île de la Cité** und **Île Saint-Louis**. Sie werden von der beim großen Brand (April 2019) schwer beschädigten Kirche **Notre-Dame** dominiert. Auf dem Platz vor der Kathedrale befindet sich eine Kompassrose aus Bronze. Das ist der **Point Zéro** (Nullpunkt), an dem seit 1769 alle Wege von und nach Paris zusammenlaufen. Dass sich dieser Punkt auf der l'Île de la Cité befindet, ist kein Zufall. Die Insel ist die Geburtsstätte von Paris.

Das linke Ufer der Seine, **Rive Gauche**, hat seit Jahrhunderten große kulturelle Bedeutung. Mit Gründung der Universität im Jahr 1215 und später durch die Druckerpresse wurde es zum intellektuellen, litarischen Zentrum der Stadt. Gelehrte, Schriftsteller und Verleger ließen sich hier nieder. Dazu kamen zahlreiche Buchhandlungen, Autorencafés und Galerien. Um den Hügel Sainte-Geneviève entstand das **Quartier Latin**, das Pariser Studentenviertel. Die Rue Mouffetard mit vielen Restaurants und Bars ist eine der ältesten Straßen von Paris.

Das Viertel Saint-Germain-des-Prés wurde zum intellektuellen und literarischen Zentrum der Stadt. In den Nachtclubs vereinten sich philosophische, politische und literarische Diskussionen mit der rauchigen Jazz-Atmosphäre. Der Philo-

soph Sartre, seine Lebensgefährtin
Sie alle waren Stammkunden im **Ca**
von damals ist noch immer spürbar.

Im 5. und 6. Arrondissement liegen
Jardin des Plantes, unter anderem
Le Jardin du Luxembourg mit dem
Palast von Marie de' Medici dient he

WENIG ZEIT? DAS SIND DIE H
L'Île de la Cité + Le Jardin du Luxe
+ Café de Flore + Rue Mouffetard

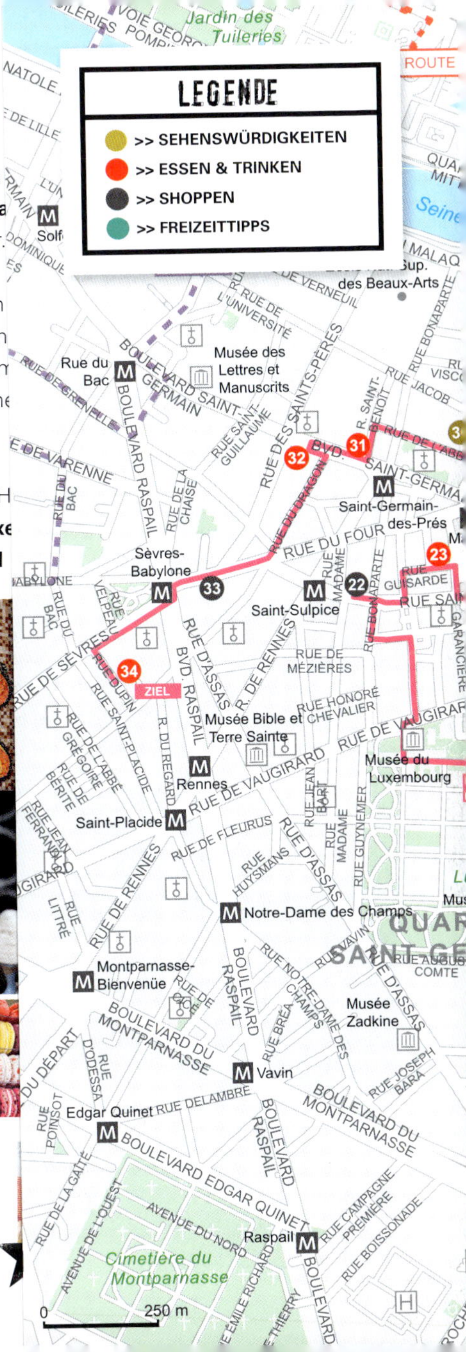

Go & explore

I'm in love with cities I've never been to & people I've never met

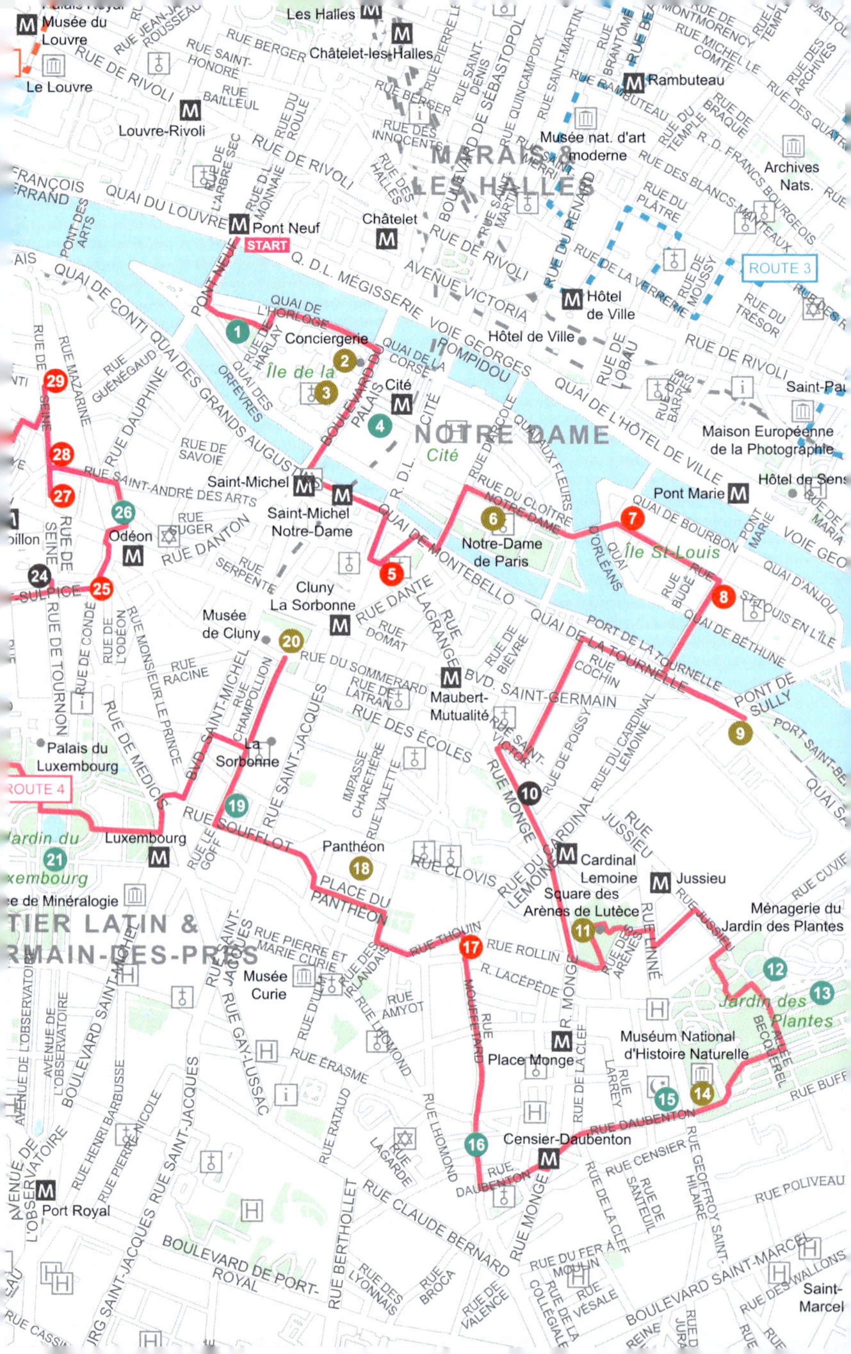
Musée du Louvre
Le Louvre
Louvre-Rivoli
Les Halles
Châtelet-les-Halles
Rambuteau
Musée nat. d'art moderne
Archives Nats.
MARAIS & LES HALLES
Pont Neuf
START
Châtelet
ROUTE 3
Hôtel de Ville
Saint-Paul
Maison Européenne de la Photographie
Hôtel de Sens
Pont Marie
Conciergerie
Île de la Cité
Cité
NOTRE DAME
Notre-Dame de Paris
Île St-Louis
Saint-Michel
Saint-Michel Notre-Dame
Odéon
Cluny La Sorbonne
Musée de Cluny
Maubert-Mutualité
La Sorbonne
Palais du Luxembourg
ROUTE 4
Jardin du Luxembourg
Luxembourg
Panthéon
Cardinal Lemoine
Jussieu
Square des Arènes de Lutèce
Ménagerie du Jardin des Plantes
Jardin des Plantes
Muséum National d'Histoire Naturelle
Place Monge
Censier-Daubenton
Musée Curie
Port Royal
Saint-Marcel
QUARTIER LATIN & SAINT-GERMAIN-DES-PRÉS
RUE DE RIVOLI
QUAI DU LOUVRE
QUAI DE CONTI
QUAI DES GRANDS AUGUSTINS
Q. D.L. MÉGISSERIE
AVENUE VICTORIA
VOIE GEORGES POMPIDOU
QUAI DE L'HÔTEL DE VILLE
QUAI DE L'HORLOGE
QUAI DES ORFÈVRES
QUAI DE LA CORSE
BOULEVARD DU PALAIS
QUAI DE MONTEBELLO
QUAI DE LA TOURNELLE
QUAI DE BOURBON
QUAI D'ANJOU
QUAI DE BÉTHUNE
RUE ST-LOUIS EN L'ÎLE
PONT DE SULLY
RUE SAINT-ANDRÉ DES ARTS
RUE DANTON
BVD. SAINT-MICHEL
BVD. SAINT-GERMAIN
RUE DES ÉCOLES
RUE MONGE
RUE SOUFFLOT
PLACE DU PANTHÉON
RUE THOUIN
RUE MOUFFETARD
RUE ROLLIN
R. LACÉPÈDE
RUE LINNÉ
RUE JUSSIEU
RUE CUVIER
RUE DAUBENTON
RUE CENSIER
RUE GEOFFROY SAINT-HILAIRE
RUE CLAUDE BERNARD
BOULEVARD DE PORT-ROYAL
BOULEVARD SAINT-MARCEL
RUE GAY-LUSSAC
RUE SAINT-JACQUES
BOULEVARD SAINT-MICHEL
RUE DE TOURNON
RUE DE SEINE
RUE MAZARINE
RUE DAUPHINE
RUE MONSIEUR LE PRINCE
RUE DE MÉDICIS
RUE CLOVIS
RUE DU CARDINAL LEMOINE
RUE POLIVEAU
RUE BUFFON
1 2 3 4 5 6 7 8 9 10 11 12 13 14 15 16 17 18 19 20 21 24 25 26 27 28 29

BESCHREIBUNG ROUTE 4 (ca. 11,8 km)

Los geht es an der Metrostation Pont Neuf. Überquer die Brücke bis zu den beiden Gebäuden auf ihrer Mitte. Nimm hier die Rue H. Robert zur Place Dauphine 1. Geh links den Quai de l'Horloge bis zum Boulevard du Palais Paris hinauf. Hier biegst du rechts ab 2 3. Jetzt befindest du dich auf der l'Île de la Cité 4. Geh über den Pont St.-Michel und direkt links bis zur nächsten Brücke. Nimm rechts die Rue de Petit Pont zum Pariser Vergnügen 5. Lauf über die Rue St. Julien und den Pont au Double zu Notre-Dame 6. Geh an der Kathedrale vorbei bis zur l'Île St.-Louis 7, hier gibt es das beste Eis 8. Nimm die Rue des Deux Ponts und über den Pont de la Tournelle. Geh nach links zum Institut du Monde Arabe 9. Jetzt geht es zurück zum Quai de la Tournelle und links in die Rue de Pontoise. Bieg am Ende der Straße rechts ab, um in die Rue Monge zu gelangen. Folg dieser Straße, leg beim Süßwarenladen 10 einen Stopp ein und spazier weiter zur Arena 11. Überquer sie und nimm die Rue des Arènes. Geh über die Rue Linné zur Rue G. de la Brosse hinüber und an deren Ende rechts in den Jardin des Plantes 12, wo du auch den Tierpark 13 besuchen kannst. Nimm den Ausgang an der Rue Geoffroy, hier liegt ein schönes Museum 14. Geh hinüber zur Moschee 15 und dann weiter auf der Rue Daubenton 16. Weiter geht es zur Rue Mouffetard, dann rechts. Geh durch die Straße bis zur Place de la Contrescarpe 17. Hier gehst du nach links über die Rue Thouin zum Panthéon 18. Auf der Rue Soufflot gehst du links zu einem Kino 19 und einem Museum 20. Geh ein Stück zurück und bieg rechts in den Boulevard St.-Michel. Links geht es zum Park 21. Spazier hindurch und nimm den Ausgang links vom Sénat, sodass du über die Rue Férou an St.-Sulpice herauskommst. In der Rue du Vieux Colombier kannst du wunderbar shoppen 22. Zu einer tollen Gin-Tonic-Bar kommst du durch die Seitenstraßen der Rue St.-Sulpice 23. Etwas weiter entfernt gibt es weitere ungewöhnliche Geschäfte 24. Bieg am Ende der Rue St.-Sulpice links ab 25 überquer den Boulevard St. Germain zu einem der ältesten Gässchen der Stadt, La Cour du Commerce Saint-André 26. Geh bis zum Ende, nimm dann die Rue Buci nach links bis zu den Restaurantterrassen der Rue de Seine 27 28 29. Weiter geht es rechts über die Rue de l'Échaude und die Rue Jacob zur Rue Furstemberg links 30. Nimm die Rue de l'Abbaye rechts bis zu einem berühmten Café31 und einem amerikanischen Restaurant 32. Lauf durch die Rue de Dragon in die Rue de Grenelle für Schuhe 33. Danach geht es über die Rue de Sèvres bis zur Rue Dupin nach links, um den Tag abzuschließen 34.

SEHENSWÜRDIGKEITEN

② **La Conciergerie** war das erste Gefängnis von Paris. Der Revolutionär Georges Danton war einer der vielen, die hier inhaftiert waren. Auch Marie-Antoinette und Robespierre hielt man hier fest. Ihre Zellen sind jetzt zu ihrem Andenken in Kapellen umgebaut, die du besuchen kannst.

2, Boulevard du Palais, 1. Arr., www.paris-conciergerie.fr, geöffnet täglich 9.30–18.00 Uhr, Eintritt € 11,50, Metro 4 Cité

③ Die Kathedrale **Sainte-Chapelle** wurde zur Zeit von König Saint-Louis von Frankreich erbaut, um die Dornenkrone und ein Stück des Heiligen Kreuzes von Jesus Christus aufzubewahren. Das Gebäude war in zwei Kapellen unterteilt: die „niedrige" Kapelle für die Dienstboten des Königs und die „hohe" Kapelle für die königliche Familie. Die prächtigen Buntglasfenster sind einzigartig und haben großen kulturhistorischen Wert.

8, Boulevard du Palais, 1. Arr., www.sainte-chapelle.fr, geöffnet 1. Apr.–30. Sept. täglich 9.00–19.00 Uhr, 1. Okt.–31. März täglich 9.00–17.00 Uhr, Eintritt € 11,50, Metro 4 Cité

⑥ Welch große Bedeutung **Notre-Dame de Paris** für die Pariser hat, wurde im April 2019 schmerzlich deutlich, als das Dach der Kathedrale in Flammen aufging. Ein Teil des Daches und der Vierungsturm stürzten ein und richteten im Innenraum große Verwüstungen an. Derzeit ist Notre-Dame geschlossen, die Renovierung wird vermutlich über fünf Jahre in Anspruch nehmen. Auf der Website von Notre-Dame findest du die neuesten Informationen über die Renovierung.

6, Parvis Notre-Dame, 4. Arr., www.notredamedeparis.fr, für Besucher nicht geöffnet, Metro 4 Cité/Saint Michel

⑨ Das Gebäude des **Institut du Monde Arabe**, in den 1980er-Jahren von Jean Nouvel entworfen, ist mit Tausenden kleinen Irisblenden aus Stahl versehen. Sie öffnen und schließen sich je nach Lichteinfall. Im Inneren befindet sich eine beeindruckende Sammlung arabischer Designs mit eigenwilligen Kunstgegenständen, Kalligrafien und Musikinstrumenten. Genieß auf der Dachterrasse die Aussicht über die Seine und Notre-Dame.

1, Rue des Fossés Saint-Bernard, 5. Arr., www.imarabe.org, geöffnet Di.–Fr. 10.00–18.00 Uhr, Sa.–So. 10.00–19.00 Uhr, Eintritt € 8, Metro 7, 10 Jussieu

6

2

18
Feel the history!

⑪ Die **Arènes de Lutèce** gilt als ältestes erhaltenes Gebäude von Paris. In der Römerzeit gab es hier Theateraufführungen und Gladiatorenkämpfe. Die Tribünen des Amphitheaters boten Platz für etwa 17.000 Zuschauer. Nach dem Untergang des Römischen Reiches war der Standort des Theaters lange Zeit unbekannt. Zu Beginn des letzten Jahrhunderts wurde das Theater entdeckt, ausgegraben, teilweise restauriert und als öffentlicher Platz eröffnet.

47, Rue Monge, 5. Arr., en.parisinfo.com/paris-museum-monument/71451/arenes-de-lutece-et-square-capitan, geöffnet März täglich 8.00–19.00 Uhr, Apr. & Sept. 8.00–20.30 Uhr, Mai–Aug. 8.00–21.30 Uhr, Okt.–Feb. 8.00–17.45 Uhr, Eintritt frei, Metro 10 Cardinal Lemoine

⑭ In der Grande Galerie de l'Évolution des **Muséum national d'Histoire naturelle** lernst du alles über die Evolution und das Verhältnis von Mensch und Natur. In diesen großartig renovierten Räumen aus Glas und Metall kann man eine wirklich beispiellose Sammlung ausgestopfter Tiere besichtigen.

36, Rue Geoffroy-Saint-Hilaire, 5. Arr., www.mnhn.fr, geöffnet Mo. & Mi–So. 10.00–18.00 Uhr, Eintritt € 10, Metro 7, 10 Jussieu, 5, 10 Austerlitz

⑱ Das **Panthéon** ist ein Meisterwerk des Architekten Soufflot. Die ehemalige Kirche wurde nach der Französischen Revolution zur Nekropolis zahlloser französischer Berühmtheiten umgewidmet. Über siebzig „Männer von Format", darunter Voltaire, Rousseau, Hugo und Zola, haben hier ihre letzte Ruhestätte. Kürzlich wurde der Tänzerin und Widerstandsheldin Josephine Baker im Panthéon ein Denkmal gesetzt.

Place du Panthéon, 5. Arr., www.paris-pantheon.fr, geöffnet Apr.–Sept. täglich 10.00–18.30 Uhr, Okt.–März täglich 10.00–18.00 Uhr, Eintritt € 11,50, Metro 10 Cardinal Lemoine

⑳ Das **Musée de Cluny** steht ganz im Zeichen des Mittelalters. Geschichten aus dieser Zeit erzählt die Wandteppichserie „Die Dame mit dem Einhorn", perfekte Beispiele für den Mille-Fleurs-Stil. Besichtige auch die gallo-römischen Bäder!

6, Place Paul Painlevé, 5. Arr., www.musee-moyenage.fr, geöffnet Mo. & Mi–So. 9.15–17.45 Uhr, Eintritt € 5, Metro 10 Cluny-la Sorbonne, 4, 10 Odéon

㉚ Das **Musée national Eugène Delacroix** befindet sich im früheren Wohnhaus des Malers. Das ehemalige Atelier gibt nicht nur einen guten Eindruck vom Werk des Künstlers, sondern überhaupt von der Romantik. Schlender auch etwas weiter zur Place de Furstemberg, einem herrlich verborgenen Platz.
6, Rue de Furstemberg, 6. Arr., www.musee-delacroix.fr, geöffnet Mo. & Mi.–So. 9.30–11.30 & 13.00–17.30 Uhr, Eintritt € 7, Metro 4 Saint-Germain-des-Prés, 10 Mabillon

ESSEN & TRINKEN

⑤ **Aux Trois Mailletz**. Hierher kommst du nicht wegen des ausgezeichneten Essens, sondern wegen der Atmosphäre. Genieß oben einen Drink bei Klaviermusik oder tauch ab in den Keller zu Musik, Tanz und kleinen Auftritten. Seit Jahr und Tag ist das Trois Mailletz bei den Parisern für schöne Abende bekannt, deren Verlauf nie vorhergesagt werden kann.
56, Rue Galande, 5. Arr., www.auxtroismailletz.com, Telefon 0143540079, geöffnet täglich 19.00–4.00 Uhr, Preis € 25, Metro 4 Cité/Saint Michael

⑦ **Le Saint-Régis** ist ein typisch Pariser Café, perfekt für ein Glas Wein mit Käse oder einen guten Lunch. Das Café befindet sich am schönsten Platz der Île Saint-Louis, und über die Brücke gelangst du in die Gärten von Notre-Dame.
6, Rue Jean du Bellay, 4. Arr., www.lesaintregisparis.com, Telefon 0143545941, geöffnet täglich 07.00–02.00 Uhr, Preis € 10, Metro 7 Pont Marie

⑧ Eis ist in Frankreich nicht ganz so beliebt wie Gelato in Italien. Die Ausnahme, die diese Regel bestätigt, ist jedoch **Berthillon**. Hier kannst du unvergleichliche, unwiderstehliche Sorbets genießen. DAS Eis in Paris … dafür steht man gern ein bisschen Schlange!
31, Rue Saint Louis en L'ile, 4. Arr., www.berthillon.fr, Telefon 0143543161, geöffnet Mi.–So. 10.00–20.00 Uhr, Preis € 5, Metro 7 Pont Marie

⑰ Ernest Hemingway beschrieb den Vorläufer des **Café Delmas**, das Café des Amateurs, als „Kloake der Rue Mouffetard". Das heutige Café Delmas ist bei den Studenten der benachbarten Hochschule sehr beliebt. Die Terrasse bietet viel Platz: der perfekte Ort, um die typische Atmosphäre dieses Viertels einzusaugen.

31
Café de Flore
CAFE DE FLORE

28

29
La Palette

23
Cheers!

23

7
St REGIS

2, Place de la Contrescarpe, 5. Arr., cafedelmas.com, Telefon 0143265126, geöffnet täglich 9.00–1.30 Uhr, Preis € 18, Metro 10 Cardinal Lemoine

㉓ Von allen Bars rund um das Odeon ist die Bar **Tiger** die schönste: die Böden sind mit blauem Mosaik bedeckt, die Wände mit grünen Dschungeltapeten geschmückt und die drei Räume auf verschiedenen Ebenen werden durch freigelegte Holzkonstruktionen getrennt. Beim Tiger dreht sich alles um Gin, und die Barkeeper servieren 130 verschiedene Sorten. Wenn du Gin-Tonic liebst, bist du hier richtig: Beim Tiger werden um die 1.040 verschiedene Mixturen angeboten.
13, Rue Princesse, 6. Arr., www.tiger-paris.com, Telefon 01 84058174, geöffnet täglich 17.00–2.00 Uhr, Preis Gin-Tonic € 11, Metro 10 Mabillon

㉕ Das **Cod House** ist eine japanische Tapas- und Cocktailbar. Die Speisekarte umfasst Gerichte wie Sashimi, Bento und California Sushi Rolls sowie Patatas Bravas, Tokio-Stil. Es ist ein großartiger Ort für einen Cocktail und kleine Snacks. Geräumig und hell, mit bequemen Sofas zum Hineinsinken.

1 Rue de Condé, 6. Arr., 0142493559, www.thecodhouse.fr, geöffnet Mo. 19.30–2.00, Di.–Sa. 12.00–15.00 & 19.30–2.00, So 12.00–15.00, Preis Sushi-Rolle 12 €, Metro 4, 10 Odéon

㉗ **Huguette**: Auf der Rue de Seine fühlt es sich wie ein Stückchen Strand mitten im Zentrum von Saint-Germain-des-Prés an. Auf der hippen Sonnenterrasse kann man es bei einem Teller Austern und einer Flasche Weißwein gut aushalten. Auch einige Fleischgerichte stehen auf der Karte. Rechts im Restaurant wird in einer schönen Marktecke der frische Fisch für dich zubereitet, den du auch mit nach Hause nehmen kannst.
81, Rue de Seine, 6. Arr., www.huguette-bistro.com, Telefon 0143250028, geöffnet täglich 12.00–23.30 Uhr, Preis € 21, Metro 10 Mabillon

㉘ Die Terrasse der **Bar du Marché** ist der perfekte Ort, um Menschen zu beobachten. Das Café grenzt an die Rue de Buci, eine quirlig-lebendige Einkaufsstraße. Die gut gelaunten Ober sehen mit ihren blauen Overalls und dem Barett auf dem Kopf wie Straßenjungen aus.
75, Rue de Seine, 6. Arr., Telefon 0143265515, geöffnet Mo. & Fr. 7.30–2.00, Di–Do. & Sa.–So. 8.00–14.00 Uhr, Preis € 15, Metro 10 Mabillon, 4, 10 Odéon

㉙ Drinnen wie draußen sitzt man bei **La Palette** ausgezeichnet. Das Innere ist im Art-déco-Stil eingerichtet und versetzt dich in das Paris der 1920er-Jahre. Auch im Freien lässt es sich auf der grünen Terrasse gut aushalten. Genieß einen traditionellen Apéro: einen Aperitif mit Käseplatte oder etwas Wurst.
43, Rue de Seine, 6. Arr., www.lapalette-paris.com, Telefon 0146348411, geöffnet Mo.–Sa. 08.00–2.00 Uhr, So. 10.00–2.00 Uhr, Preis € 22, Metro 10 Mabillon

㉛ Erst, wenn du im **Café de Flore** einen Kaffee getrunken hast, kannst du behaupten, Saint-Germain-des-Prés wirklich erlebt zu haben. Du kannst die Geschichte dieses Cafés beinah spüren. Existenzialisten wie Jean-Paul-Sartre und Simone de Beauvoir, aber auch Pablo Picasso und der Autor André Breton waren hier Stammgäste.
172, Boulevard Saint-Germain, 6. Arr., www.cafedeflore.fr, Telefon 0145485526, geöffnet täglich 07.30–1.30 Uhr, Preis Lunch € 18, Metro 4 Saint-Germain-des-Prés

㉜ Verborgen im Innenhof eines alten Hotels liegt **Ralph's**, das Luxusrestaurant des amerikanischen Modedesigners Ralph Lauren. Auf der Karte stehen typisch amerikanische Gerichte wie Steaks, Burger und Ceasar Salad mit einem luxuriösen Touch. Hier kannst du zum Beispiel ein Glas Champagner zum Cheeseburger bestellen. Ralph's ist nicht billig, aber mit Abstand die beste Adresse für amerikanische Küche in Paris.

173, Boulevard Saint-Germain, 6. Arr., www.ralphlauren.fr/en/global/ ralphs-paris/7120, Telefon 0144777600, geöffnet täglich Sommer 12.00–17.00 & 19.00–23.00 Uhr, Winter 12.00–17.00 & 19.00–22.30 Uhr, Preis € 35, Metro 4 Saint-Germain-des-Prés

㉞ In diesem französischen Bistro treffen sich Einheimische und Touristen. **L'Epi Dupin** ist ein gemütliches Restaurant, um mit Freunden ein gutes Essen zu genießen. Die Tische sind toll gedeckt. Das Preis-Qualitäts-Verhältnis ist ausgezeichnet, und die Karte wird regelmäßig geändert. Sehr beliebt, daher lieber im Voraus reservieren.

11, Rue Dupin, 6. Arr., www.epidupin.com, Telefon 0142226456, geöffnet Di.–Sa. 12.00–15.00 & 19.00–22.30 Uhr, Preis € 28, Metro 10, 12 Sèvres Babylone

SHOPPEN

⑩ **Le Bonbon au Palais** ist ein herrlicher Süßwarenladen mit Gläsern voller Süßigkeiten aus allen Ecken Frankreichs. Der engagierte Besitzer erzählt gern, woher die Süßigkeiten stammen, was das Besondere an ihnen ist, und vielleicht lässt er dich sogar probieren! Die gezuckerten Veilchenpastillen zum Beispiel, hergestellt aus natürlichen Zutaten.

19, Rue Monge, 5. Arr., www.bonbonsaupalais.fr, geöffnet Di. bis Sa. 10.30–19.00 Uhr, Metro 10 Cardinal Lemoine

㉒ In der französischen Modewelt ist **Agnès b** ein Begriff. Die Stücke der komfortablen, stilvollen Bekleidungslinie sind echte Basics in der Garderobe Pariser Männer und Frauen. Agnès b *femme et homme* präsentiert sich in einem Ambiente, das nahtlos an die Kreationen anschließt.

6, Rue du Vieux Colombier, 6. Arr., www.agnesb.fr, Telefon 0144390260, geöffnet Mo.–Sa. 11.00–19.00 Uhr, Metro 4 Saint Sulpice

28
Bar du Marché

24
TRVDON
.1643.
7
BALMAIN
PARIS

24

㉔ **Trudon** ist ein Familienunternehmen, das bereits seit 1643 besteht. Die Kerzen werden in der Normandie von Hand hergestellt und duften köstlich. Zur Zeit Ludwigs XIV. war Trudon sogar der Hoflieferant von Versailles.
78, Rue de Seine, 6. Arr., trudon.com, geöffnet Mo. 11.00–19.00, Di.–Sa. 10.30–19.30, Metro 10 Mabillon

㉝ Wenn du dich fragst, woher all die Pariserinnen ihr schickes Outfit haben, ist es wahrscheinlich, dass sie **Majé** tragen. Diese französische Marke ist durch und durch pariserisch und ihre Boutiquen in der Stadt sind ein beliebtes Einkaufsziel der Einheimischen. Hier gibt es qualitativ hochwertige und feminine Artikel.
15, Rue de Sèvres, 6. Arr., eu.maje.com, geöffnet Mo.–Sa. 10.30–19.30, So. 11.00–19.00, Metro 10, 12 Sèvres Babylone

FREIZEITTIPPS

① Hinter dem Justizpalast bietet dieser Platz eine überraschend schöne Gelegenheit, um sich ein bisschen auszuruhen. Die stattlichen Gebäude um die **Place Dauphine** absorbieren den Lärm der Stadt, im Sommer spenden die Bäume Schatten und Bänke bieten sich zur Erholung, zum Bücherlesen oder zum Beobachten des Petanque-Spiels an.
Place Dauphine, l'Île de la Cité, 1. Arr., Metro 7 Pont Neuf

④ Die **L'Île de la Cité** ist die Insel, um die sich die Weltstadt Paris entwickelte. Ursprünglich bestand sie aus zwei unbewohnten Inseln: Île aux Vaches („Insel der Kühe") und Île Notre-Dame, die zur Kathedrale gehörte. Zu Beginn des 17. Jahrhunderts wurden beide Inseln von Ingenieur Christophe Marie miteinander verbunden, der auch einen Straßenplan für die Inseln entwickelte. Um 1664 waren sie komplett bebaut. Sowohl am linken als auch am rechten Ufer ist die Insel mit dem Rest von Paris verbunden. Mach einen Spaziergang oder lass dich auf einer der Terrassen an der Uferpromenade nieder.
4. Arr., Metro 4 Cité

⑫ Der herrliche **Jardin des Plantes** ist ein Muss für jeden Gartenfreund. Man kann hier nicht nur durch die botanischen Anlagen und den Rosengarten schlendern, sondern auch die riesigen Gewächshäuser, den Tierpark oder Spielplatz besuchen.

57, Rue Cuvier, 5. Arr., www.jardindesplantes.net, Garten täglich geöffnet 8.00–17.30 Uhr, Winter 8.00–17.30 Uhr, Gewächshäuser Mo. & Mi.–So. 10.00–17.00 Uhr, Eintritt Garten frei, Gewächshäuer € 7, Metro 7, 10 Jussieu, 5, 10 Austerlitz

⑬ Mitten in der Stadt, verborgen im Park, befindet sich die **Ménagerie du Jardin des Plantes**. Dieser Tierpark beherbergt über 200 Tierarten, von denen ein Drittel vom Aussterben bedroht und Bestandteil von Zuchtprogrammen ist. Der ideale Ausflug, wenn du der Hektik der Stadt entfliehen möchtest, besonders mit Kindern.

57, Rue Cuvier, 5. Arr., www.zoodujardindesplantes.fr, geöffnet täglich 10.00–17.00 Uhr, Preis € 13, Metro 7, 10 Jussieu, 5, 10 Austerlitz

⑮ **La Mosquée de Paris** wurde 1922 als Denkmal für die muslimischen Opfer des Ersten Weltkriegs erbaut. Die Moschee ist für Besucher geöffnet (nicht vergessen, am Eingang die Schuhe auszuziehen). Verwöhn Körper und Geist im Hamam und im Gebetsraum. Hier gibt es außerdem einen ausgezeichneten Teesalon, in dem du Minztee, ein großes Sortiment arabisches Gebäck und andere Leckereien genießen kannst. Eine größere Mahlzeit kannst du im Restaurant bestellen.

39, Rue Saint-Hilaire, 5. Arr., FB Aux portes de l'Orient, Telefon 0143311432, geöffnet Mo.–Do., Sa.–So. 9.00–18.00 Uhr, Restaurant 11.30–0.00 Uhr, Teesalon 9.00–0.00 Uhr, Hamam 10.00–21.00 Uhr, Eintritt € 3, Metro 7 Place Monge

⑯ Die **Rue Mouffetard** stammt aus der Zeit der römischen Herrschaft. Im Mittelalter siedelten sich hier wegen der Nähe zum Fluss Bièvre Handwerker an. Sieh dir die vielen Fassadenverzierungen von damals an, zum Beispiel an Nr. 134. Der berühmte Vormittagsmarkt an der Église Saint-Médar existiert schon seit dem 7. Jahrhundert. Hier verkaufen lokale Produzenten ihre Waren: von frischem Gemüse und Obst bis hin zu selbst hergestelltem Käse. Auch die zahllosen Restaurants und Cafés machen diese Straße zum schönen Ziel.

Rue Mouffetard, 5. Arr., Markt Mi., Fr. & So. 8.00–14.00 Uhr, Metro 7 Place Monge

12

12

21

21
If you ve got the time

11

* Let your feet take you there

⑲ Das **Cinéma du Panthéon** ist eines der ältesten Kinos von Paris. Hier kannst du nicht nur Filme anschauen, sondern im Le Salon etwas trinken oder eine Kleinigkeit essen. Der wurde von keiner Geringeren als Catherine Deneuve eingerichtet. Achtung: Le Salon hat nur unter der Woche geöffnet.
13, Rue Victor Cousin, 5. Arr., www.whynotproductions.fr, Kino siehe Website für Zeiten und Preise, Salon Mo.–Fr. 12.00–19.00 Uhr, Metro 10 Cluny-la Sorbonne

㉑ **Le Jardin du Luxembourg** ist ein herrlicher Park, den die Pariser gern zu Erholung, Spiel und Spaziergang besuchen. Der Park ist übersät mit den „Luxembourg-Stühlen". Hier liegt auch das schöne Palais de Luxembourg, erbaut von 1615 bis 1627 für Marie de' Medici, in dem heute der französische Senat seinen Sitz hat.
Rue de Vaurigard/Boulevard Saint-Michel, 6. Arr., www.senat.fr/visite/jardin, geöffnet von Sonnenauf- bis Sonnenuntergang, Eintritt frei, Metro 4, 10 Odéon

㉖ **La Cour du Commerce Saint-André** ist eine 120 Meter lange Passage. Sie stammt aus dem Jahr 1776 und ist eine der wenigen Straßen in Paris, die vom großen Pariser Umbau des 19. Jahrhunderts durch Baron Haussmann im Auftrag von Napoleon III. unangetastet blieben. Hier liegt das älteste Pariser Restaurant, Le Procope, gegründet 1686. Der Gang über das Kopfsteinpflaster der La Cour du Commerce Saint-André versetzt dich ins mittelalterliche Paris.
La Cour du Commerce Saint-André, 6. Arr., Eintritt frei, Metro 4, 10 Odéon

ROUTE 5

EIFFELTURM, LES INVALIDES & CHAMPS-ÉLYSÉES

INFOS ZUR ROUTE

Dieser lange Spaziergang ist vor allem bei schönem Wetter interessant. Du kannst die Tour in beide Richtungen starten. Das Stück vom Eiffelturm über Les Berges de la Seine bis zur Rue du Bac solltest du mit dem Fahrrad zurücklegen. Ab Concorde bis zum Arc de Triomph kannst du auch über die Champs-Élysées radfahren, es ist ein weiter Weg. Steig dann an der Rotonde des Arc de Triomph vom Rad. Wenn du dieses Stück nicht laufen möchtest, kannst du die Metro-Linie 1 nehmen.

DIE VIERTEL

Paris hat viele imposante, historische Bauwerke zu bieten. Louis XIV. verlieh Paris den klassischen Charakter mit Renaissance-Einflüssen. Im 17. Jahrhundert ließ er zur Versorgung seiner verletzten Offiziere und Soldaten Les Invalides errichten. Napoleon brachte den „Style Napoleon", auch Empire genannt, der seine Basis im altäpytischen und römischen Baustil hat. Er ließ den **Arc de Triomphe** bauen. Während des Zweiten Kaiserreichs von 1852 bis 1870 unter Napoleon III. wurden die klassischen Boulevards und Avenuen angelegt.

Die **Avenue des Champs-Élysées**, die eine Achse zwischen der Place Charles de Gaulle bzw. dem Arc de Triomphe und der Place de la Concorde bildet, existiert bereits seit dem 17. Jahrhundert. Damals war sie nichts weiter als eine lange Straße in einem Stadtteil, in dem es nicht viel zu erleben gab. 1828 legte die Stadt Paris die ersten Bürgersteige an. Heute ist die Champs-Élysée wegen ihrer guten Shoppingmöglichkeiten berühmt. Auch viele große Kinos gibt es hier.

Ende des 19. Jahrhunderts begannen französische Architekten, Materialien wie Eisen und Glas zu verwenden. Im Rahmen der Weltausstellungen wurden der **Eiffelturm, Le Grand Palais, Le Petit Palais** und der **Pont Alexandre III** gebaut.

Die Gemeinde Paris möchte die Sta
möglich gestalten. Die Straße am lir
und dem **Musée d'Orsay** ist seit 20
So entstand **Les Berges de la Sein**
Paris Plage kommt noch ein Stück U
Skater hinzu, dann wird ein längeres

WENIG ZEIT? DAS SIND DIE H

Eiffelturm + Palais de Tokyo + Mus
+ Champs-Élysées

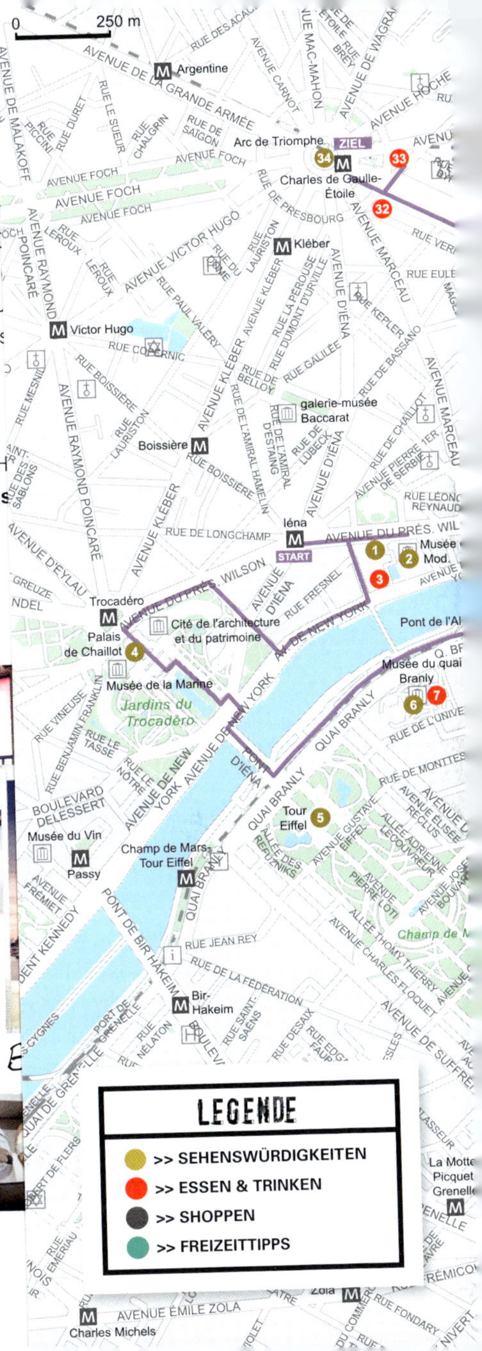

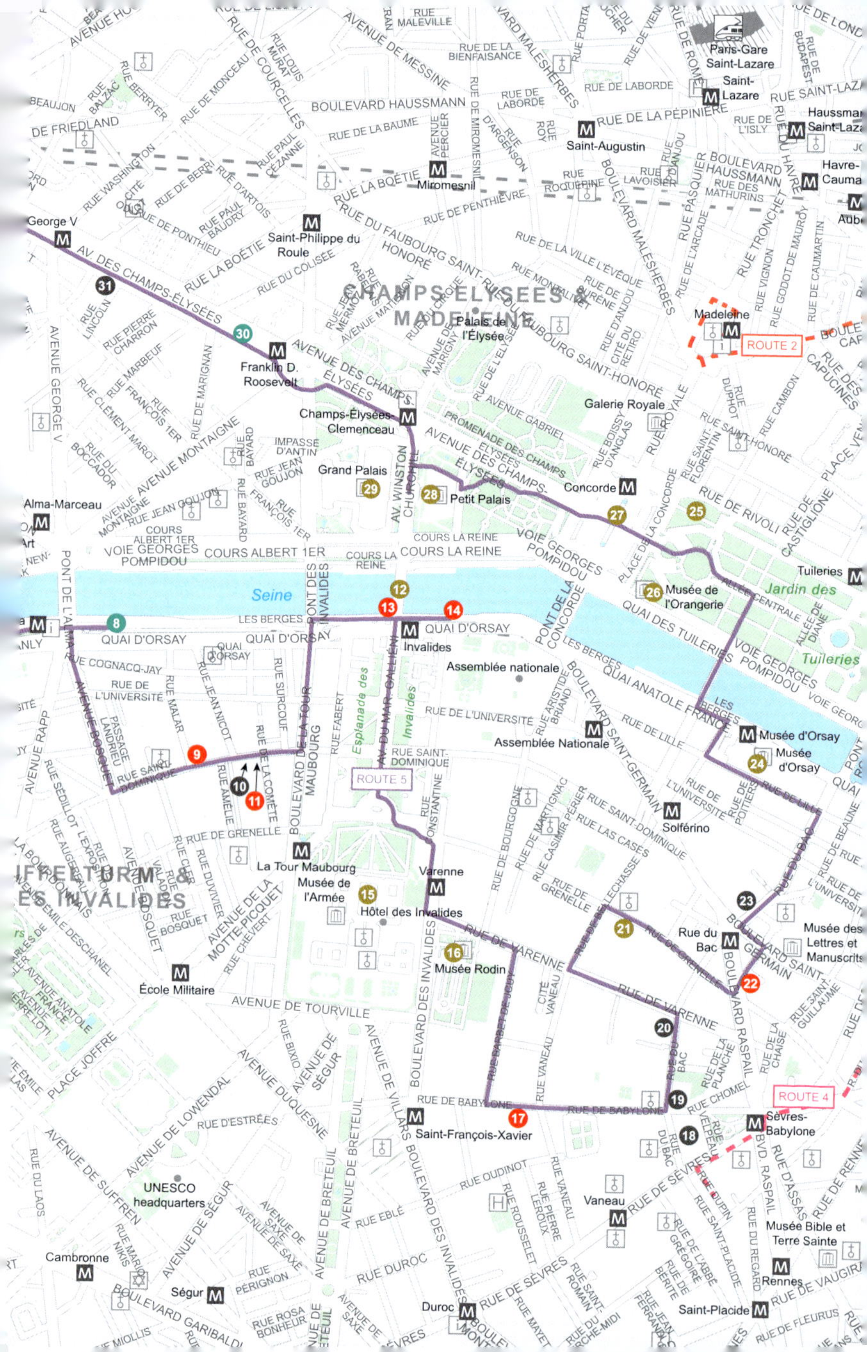

CHAMPS-ÉLYSÉES & MADELEINE
Seine
AVENUE HOCHE
RUE DE COURCELLES
RUE LOUIS MURAT
RUE MALEVILLE
AVENUE DE MESSINE
RUE DE LA BIENFAISANCE
BOULEVARD MALESHERBES
RUE DE LABORDE
Paris-Gare Saint-Lazare
Saint-Lazare
RUE SAINT-LAZARE
RUE DE ROME
RUE DE BUDAPEST
Haussmann Saint-Lazare
RUE DE L'ISLY
RUE DU HAVRE
RUE BERRYER
RUE BALZAC
RUE DE MONCEAU
BEAUJON
BOULEVARD HAUSSMANN
RUE DE LABORDE
RUE DE MIROMESNIL
RUE D'ARGENSON
RUE ROY
RUE DE LA PÉPINIÈRE
Saint-Augustin
AVENUE DE FRIEDLAND
RUE DE LA BAUME
AVENUE PERCIER
RUE PAUL CÉZANNE
RUE WASHINGTON
RUE DE BERRI
RUE D'ARTOIS
RUE LA BOÉTIE
Miromesnil
RUE ROQUÉPINE
RUE LAVOISIER
RUE D'ANJOU
RUE PASQUIER
BOULEVARD HAUSSMANN
RUE DES MATHURINS
Havre-Caumartin
RUE DE PENTHIÈVRE
RUE DU FAUBOURG SAINT-HONORÉ
CITÉ DU RETIRO
George V
RUE DE PONTHIEU
RUE PAUL BAUDRY
Saint-Philippe du Roule
RUE DU COLISÉE
RUE DE LA VILLE L'ÉVÊQUE
RUE MONTALIVET
RUE DE SURÈNE
BOULEVARD MALESHERBES
RUE DE L'ARCADE
RUE TRONCHET
RUE VIGNON
RUE GODOT DE MAUROY
RUE DE CAUMARTIN
AV. DES CHAMPS-ÉLYSÉES
RUE LINCOLN
RUE PIERRE CHARRON
RUE JEAN MERMOZ
AVENUE MATIGNON
RUE DU CIRQUE
Palais de l'Élysée
AVENUE DE MARIGNY
RUE DE L'ÉLYSÉE
Madeleine
ROUTE 2
BOULEVARD DES CAPUCINES
RUE DES CAPUCINES
RUE DUPHOT
RUE CAMBON
AVENUE GEORGE V
RUE MARBEUF
RUE FRANÇOIS 1ER
RUE DE MARIGNAN
RUE CLÉMENT MAROT
Franklin D. Roosevelt
AVENUE DES CHAMPS-ÉLYSÉES
Champs-Élysées-Clemenceau
AVENUE GABRIEL
PROMENADE DES CHAMPS ÉLYSÉES
Galerie Royale
RUE BOISSY D'ANGLAS
RUE ROYALE
RUE SAINT-FLORENTIN
RUE SAINT-HONORÉ
PLACE VENDÔME
RUE DU BOCCADOR
AVENUE MONTAIGNE
RUE BAYARD
IMPASSE D'ANTIN
RUE JEAN GOUJON
Grand Palais
AV. WINSTON CHURCHILL
Petit Palais
Concorde
RUE DE RIVOLI
RUE DE CASTIGLIONE
Alma-Marceau
AVENUE MONTAIGNE
RUE JEAN GOUJON
RUE FRANÇOIS 1ER
COURS ALBERT 1ER
VOIE GEORGES POMPIDOU
COURS LA REINE
PLACE DE LA CONCORDE
Tuileries
Jardin des Tuileries
Musée de l'Orangerie
ALLÉE CENTRALE
ALLÉE DE DIANE
PONT DE L'ALMA
PONT DES INVALIDES
PONT DE LA CONCORDE
LES BERGES
QUAI D'ORSAY
Invalides
QUAI DES TUILERIES
Assemblée nationale
RUE COGNACQ-JAY
RUE DE L'UNIVERSITÉ
RUE MALAR
RUE JEAN NICOT
RUE SURCOUF
BOULEVARD DE LA TOUR MAUBOURG
RUE FABERT
Esplanade des Invalides
AV. DU MAR. GALLIÉNI
RUE DE L'UNIVERSITÉ
RUE ARISTIDE BRIAND
Assemblée Nationale
BOULEVARD SAINT-GERMAIN
QUAI ANATOLE FRANCE
RUE DE LILLE
Musée d'Orsay
AVENUE RAPP
AVENUE BOSQUET
PASSAGE LANDRIEU
RUE SAINT-DOMINIQUE
RUE AMÉLIE
RUE DE LA COMÈTE
ROUTE 5
RUE SAINT-DOMINIQUE
RUE CONSTANTINE
RUE DE BOURGOGNE
RUE DE MARTIGNAC
RUE CASIMIR PÉRIER
RUE LAS CASES
Solférino
RUE DE L'UNIVERSITÉ
RUE DE POITIERS
RUE DU BAC
RUE DE BEAUNE
RUE SÉDILLOT
RUE DE L'EXPOSITION
RUE DE GRENELLE
RUE CLER
RUE DUVIVIER
La Tour Maubourg
Musée de l'Armée
Hôtel des Invalides
Varenne
RUE DE GRENELLE
RUE DE BELLECHASSE
RUE DU BAC
RUE DE L'UNIVERSITÉ
EIFFEL TOWER & LES INVALIDES
AVENUE BOSQUET
RUE BOSQUET
AVENUE DE LA MOTTE-PICQUET
RUE CHEVERT
AVENUE ÉMILE DESCHANEL
AVENUE ANATOLE FRANCE
École Militaire
RUE DE VARENNE
Musée Rodin
CITÉ VANEAU
RUE BARBET DE JOUY
Rue du Bac
BOULEVARD SAINT-GERMAIN
Musée des Lettres et Manuscrits
RUE SAINT-GUILLAUME
AVENUE DE TOURVILLE
BOULEVARD DES INVALIDES
RUE DE VARENNE
RUE DE LA CHAISE
RUE DE LA PLANCHE
BOULEVARD RASPAIL
PLACE JOFFRE
AVENUE DUQUESNE
RUE BIXIO
AVENUE DE SÉGUR
AVENUE DE VILLARS
RUE VANEAU
RUE DE BABYLONE
Saint-François-Xavier
RUE CHOMEL
ROUTE 4
Sèvres-Babylone
AVENUE DE LOWENDAL
RUE D'ESTRÉES
AVENUE DE BRETEUIL
RUE OUDINOT
RUE ROUSSELET
RUE PIERRE LEROUX
RUE VANEAU
Vaneau
RUE DE SÈVRES
RUE DUPIN
BVD. RASPAIL
RUE D'ASSAS
RUE DE RENNES
AVENUE DE SUFFREN
UNESCO headquarters
AVENUE DE SÉGUR
AVENUE DE SAXE
RUE EBLÉ
BOULEVARD DES INVALIDES
RUE DE GRÉGOIRE
RUE DE L'ABBÉ GRÉGOIRE
RUE SAINT-PLACIDE
RUE DU REGARD
Musée Bible et Terre Sainte
RUE DU LAOS
Cambronne
RUE MARIO NIKIS
RUE PÉRIGNON
RUE DUROC
RUE DE SÈVRES
RUE SAINT-ROMAIN
RUE BÉRITE
Rennes
RUE DE VAUGIRARD
Ségur
BOULEVARD GARIBALDI
RUE ROSA BONHEUR
Duroc
RUE MAYET
RUE DU CHERCHE-MIDI
RUE JEAN FERRANDI
Saint-Placide
RUE DE FLEURUS

BESCHREIBUNG ROUTE 5 (ca. 11,4 km)

Unternimm diese Tour erst nach 12 Uhr mittags. Sonst haben die Museen, an denen die Tour anfangs vorbeiführt, noch nicht geöffnet. Geh von der Metrostation Iéna Richtung Palais de Tokyo 1 2 und reservier dir für den Abend einen Platz in einem schicken Restaurant 3. Über die Rue de la Manutention geht es rechts auf die Avenue New York. Bieg rechts in Richtung Place du Trocadéro ab, wo sich das Palais de Chaillot befindet 4. Geh hier hinein, du hast einen fantastischen Blick auf den Eiffelturm. Geh nach unten, über die Brücke, Richtung Eiffelturm 5. Auf dem Quai Branly kannst du ein Museum besuchen 6 7. Wenn du die Treppe zur Seine hinuntergehst, erreichst du ein neues Spazier- und Fahrradgebiet, das früher für den Autoverkehr freigegeben war 8. Bieg rechts in die Avenue Bosquet ein und dann in die dritte Straße links, die Rue Saint-Dominique für ein nettes Café in der Nähe 9 oder typische französische Läden 10. Hier findest du auch eine schöne Brasserie mit Charme 11. Weiter geht es nach links auf den Boulevard de la Tour. Spaziere bis zur Seine und wende dich nach rechts. Geh weiter bis zum Pont Alexandre III 12. Hier kannst du etwas trinken 13 oder Tapas auf einem Boot genießen 14. Nimm wieder eine Treppe nach oben und geh weiter auf der Avenue du Maréchal Gallieni bis Les Invalides 15. Bieg vor dem Gebäude links ab und dann rechts in den Boulevard des Invalides. Nimm die erste Straße links. Nach dem Musée Rodin 16 biegst du in die erste Straße rechts ein, die Rue Barbet de Jouy. Diese gehst du durch bis zur Rue de Babylone. Hier geht es links auf einen Lunch oder eine Tasse Kaffee 17. Geh weiter zur Rue du Bac. Rechts liegt ein luxuriöses Kaufhaus 18. Geh zurück und in die Rue du Bac zum Conran Shop 19 und einem Kosmetik Concept Store 20. Nimm links die Rue de Varenne, dann die erste rechts, Rue des Bellechasse, und sofort wieder die erste rechts, Rue de Grenelle. Lauf an der Niederländischen Botschaft 21 vorbei zum Boulevard Raspail. Geh ein paar Meter nach links und zur Rue de Luynes, wo sich ein nettes Café befindet 22. Links in den Boulevard Saint-Germain abbiegen. Geh bei Deyrolle vorbei und schau dir die Augen aus dem Kopf 23. Lauf weiter links in die Rue de Lille zum Musée d'Orsay 24. Überquer hier die Seine über die Passerelle De Solférino. Schlender durch den Jardin des Tuileries zur Place de la Concorde 25 26 27. Geh die Champs-Elysées hinauf, geh nach links 28 29 und kehre zurück zu den Champs-Elysées 30 31. Beende den Tag stilvoll 32 33. Am Ende der Champs-Élysées siehst du den Arc de Triomphe 34.

SEHENSWÜRDIGKEITEN

① Die Präsentationen im experimentellen Ausstellungsraum des 21. Jahrhunderts, **Palais de Tokyo**, sind immer originell und grenzüberschreitend: mit Licht- und Akustikeffekten sowie beweglichen Objekten. Die Ausstellungen sind sehr unterschiedlicher Art, lohnen aber immer eine Entdeckungstour. Auch der Museums-Shop ist einen Besuch wert: Es gibt einzigartige Bücher und schöne Mitbringsel. Das Restaurant mit Terrasse bietet internationale Küche.
13, Avenue du Président Wilson, 16. Arr., www.palaisdetokyo.com, geöffnet Mo. & Mi.–So. 12.00–0.00 Uhr, Eintritt € 12, Metro 9 Iéna

② Das **Musée d'Art Moderne** befindet sich mit dem Palais de Tokyo unter einem Dach. Das Gebäude wurde für die Weltausstellung 1937 entworfen. Dieses Museum für moderne Kunst präsentiert eine umfassende Kunstsammlung des 20. und 21. Jahrhunderts, die sich im Besitz der Gemeinde Paris befindet.
11, Avenue du Président Wilson, 16. Arr., www.mam.paris.fr, geöffnet Di.–Mi. & Fr.–So. 10.00–18.00 Uhr, Do. 10.00–22.00 Uhr, ständige Sammlung Eintritt frei, Metro 9 Iéna

④ Das neoklassizistische **Palais de Chaillot** wurde nach den Entwürfen von vier Architekten für die Weltausstellung 1937 erbaut. Heute befindet sich hier ein Museum: **La Cité de l'Architecture et du Patrimoine**. Auch wenn du das Museum nicht besuchen möchtest, geh trotzdem in das Palais Chaillot: Dahinter liegt eine Terrasse mit fantastischem Blick auf den Eiffelturm.
1, Place du Trocadéro, 16. Arr., www.citechaillot.fr, geöffnet Mo., Mi. & Fr.–So. 11.00–19.00 Uhr, Do. 11.00–21.00 Uhr, Eintritt € 9, Metro 6, 9 Trocadéro

⑤ Der **Eiffelturm** wurde 1889 anlässlich der Weltausstellung in Paris erbaut. Der Entwurf von Gustave Eiffel erregte damals viel Widerstand, der Turm ist jedoch zum Wahrzeichen der Stadt geworden. Von der dritten Etage kann man 65 Kilometer weit blicken. Die Schlange vor dem Turm ist oft endlos: Ein sehr früher oder sehr später Besuch kann sinnvoll sein. Tipp: Kauf die Tickets im Voraus online.
Champs de Mars, 7. Arr., www.toureiffel.paris, geöffnet täglich 9.00–23.45 Uhr, Eintritt € 10,50–26,10, Metro 6 Bir-Hakeim

15

5

27

27

⑥ Das 2006 eröffnete **Musée du Quai Branly** hat seinen Sitz in einem markanten Gebäude. Dieses Museum der *les arts lointains* (primitive Künste) präsentiert rund 3.500 Kunstwerke, unter anderem aus Afrika und Ozeanien. Das Gebäude ist von einem schönen Park umgeben, an der Seine-Seite mit der *mur végétal* (begrünten Fassade).

37, Quai Branly, 7. Arr., www.quaibranly.fr, geöffnet Di.–Mi. & Sa.–So. 10.30–19.00 Uhr, Do. 10.30–22.00 Uhr, Eintritt € 12, Metro 9 Iéna/Alma-Marceau

⑫ Die wohl schönste Brücke in Paris, nicht zuletzt wegen der prächtigen goldenen Statuen. Der **Pont Alexandre III** wurde nach zwei Jahren Bauzeit für die Weltausstellung 1900 eröffnet.

Pont Alexandre III, 8. Arr., Metro 1, 13 Champs-Élysées Clemenceau, 8, 13 Invalides

⑮ 1670 ließ Ludwig XIV. **Les Invalides** erbauen, eine Unterkunft für Soldaten, die in einer seiner Schlachten verwundet worden waren. Hier fand Napoleon I. 1861 seine letzte Ruhestätte. Das Gebäude beherbergt auch das **Musée de l'Armée**, das sich der Armeegeschichte widmet. Kommt in Frankreich ein neuer Präsident an die Macht, feuern die Kanonen vor Les Invalides 21 Schüsse ab.

129, Rue de Grenelle, 7. Arr., www.musee-armee.fr, geöffnet Mo. & Mi.–So. 10.00–18.00 Uhr, Di. 10.00–21.00 Uhr, Eintritt € 14, Innenhof kostenlos, Metro 8, 13 Invalides

⑯ Das **Musée Rodin** hat seinen Sitz im ehemaligen Wohnhaus des Bildhauers. Neben Skulpturen und Studien präsentiert das Museum auch das Werk von Camille Claudel, Muse und Modell Rodins. Im Garten trifft man auf eine Reihe berühmter Skulpuren, darunter *Le Penseur* (Der Denker). Das Museum und der herrliche Garten können unabhängig voneinander besucht werden.

77, Rue de Varenne, 7. Arr., www.musee-rodin.fr, geöffnet Di.–So. 10.00–18.30 Uhr, Eintritt Museum € 13, Metro 8, 13 Invalides, 13 Varennes

㉑ Seit 1920 ist das **Hôtel d'Avaray** – erkennbar an den Löwen über der riesigen Tür – offizieller Sitz des Botschafters des Königreichs Niederlande. Wissenswert: Dieses Haus hat als Kulisse für eine Reihe Filme gedient, darunter Intouchables, Les Savuers du Palais und Le Capital. Die prächtige Residenz dient ausschließlich professionellen Zwecken und kann daher leider nicht besichtigt werden.

85, Rue de Grenelle, 7. Arr., nicht für Besucher geöffnet, Metro 12 Rue du Bac

㉔ Das **Musée d'Orsay** hat seinen Sitz in einem Bahnhof aus dem 19. Jahrhundert, der 1986 renoviert und zum Museum umgebaut wurde. Auf breiten Balkons thronen Bildhauerarbeiten, in den Sälen wird eine Sammlung impressionistischer Gemälde ausgestellt. Das Museum hat neben einem Café auch zwei Restaurants. Sie sind jedoch nur für Museumsbesucher geöffnet.
1, Rue de la Légion d'Honneur, 7. Arr., www.musee-orsay.fr, geöffnet Di.–Mi. & Fr.–So. 9.30–18.00 Uhr, Do. 9.30–21.45 Uhr, Eintritt € 16, Metro 12

㉕ Das **Jeu de Paume** verdankt seinen Namen der Tatsache, dass Napoleon III. in der Halle des Gebäudes einen Vorläufer des Tennis spielte. Seit einigen Jahren befindet sich hier das **Centre National de la Photographie**, das Ausstellungen zu moderner Fotografie zeigt.
1, Place de la Concorde, 8. Arr., www.jeudepaume.org, geöffnet Di. 11.00–21.00 Uhr, Mi.–So. 11.00–19.00 Uhr, Eintritt € 10, Metro 1, 8, 12 Concorde

㉖ Das **Musée de l'Orangerie** war früher ein Gewächshaus, in dem Orangen wuchsen. Topattraktion ist das berühmte Gemälde von Claude Monet: *Les Nymphéas* (Die Wasserlilien). Außerdem ist die Sammlung von Walter Gauillaume mit Werken von Malern des 20. Jahrhunderts zu besichtigen.
Jardin Tuileries, 1. Arr., www.musee-orangerie.fr, geöffnet Mo. & Mi.–So. 09.00–18.00 Uhr, Eintritt € 12,50, Metro 1, 8, 12 Concorde

㉗ Die **Place de la Concorde**, der größte Pariser Platz, war während der Französischen Revolution Schauplatz blutiger Szenen, da hier die Guillotine aufgestellt war. Danach erhielt der Platz seinen heutigen Namen: Platz der Eintracht. Im Zentrum befindet sich der über dreitausend Jahre alte Obelisk von Luxor.
Place de la Concorde, 1. Arr., Metro 1, 8, 12 Concorde

㉘ Im **Le Petit Palais** hat das **Musée des Beaux-Arts de la Ville de Paris** seinen Sitz. Hier kannst du unter anderem Werke von Ingres, Delacroix und Courbet besichtigen. Das Café im Innenhof ist eine geheime Oase.
Avenue Winston Churchill, 8. Arr., www.petitpalais.paris.fr, geöffnet Di.–So. 10.00–18.00 Uhr, Eintritt ständige Sammlung frei, Metro 1, 13 Champs-Élysées Clemenceau, 1, 8, 12 Concorde

* Much to do, more to see

24

㉙ **Le Grand Palais** wurde gemeinsam mit Le Petit Palais und dem Pont Alexandre III für die Weltausstellung 1900 erbaut. Die Konstruktion besteht aus Stein, Stahl und Glas. Besonders beeindruckend ist das riesige Glasdach. Im Gebäude erwarten dich unter anderem Sonderausstellungen (**Galeries Nationales du Grand Palais**) und ein Wissenschaftsmuseum (**Palais de la Découverte**).

3, Avenue du Général Eisenhower, 8. Arr, www.grandpalais.fr, Öffnungszeiten und Preise siehe Website, Metro 1, 13 Champs-Élysées Clemenceau 1,9 Franklin Roosevelt

㉞ Napoleon erteilte 1806, ein Jahr nach dem Sieg bei Austerlitz, den Auftrag zum Bau des **Arc de Triomphe**. Der Triumphbogen wurde erst 1836 vollendet. Die vier großen Reliefs im unteren Bereich der Pfeiler erinnern an die Siege von 1805. Von oben blickt man über die Champs-Élysées. Die Öffnungszeiten sind witterungsabhängig.

Place Charles de Gaulle, 8. Arr., www.arc-de-triomphe.monuments-nationaux.fr, geöffnet täglich 10.00–22.30 Uhr, bei schlechtem Wetter andere Öffnungszeiten möglich, Eintritt € 3, Metro 1, 2, 6 Charles de Gaulle-Étoile

ESSEN & TRINKEN

③ Nimm im Erdgeschoss oder auf der Terrasse Platz und genieß die herrliche Aussicht auf die Seine und den Eiffelturm. Die Einrichtung des **Monsieur Bleu** ist modern, chic und lässig: Für Pariser Begriffe sind die Tische großzügig verteilt. Es ist ein hipper Ort, mit DJs, die beim Dinner Musik auflegen. Empfehlung: Thunfischfilet orientalisch.

20, Avenue New York, 16. Arr., www.monsieurbleu.com, Telefon 0147209047, geöffnet täglich 12.00–2.00 Uhr, Preis € 35, Metro 9 Iéna

⑦ Auf dem Dach des Musée du Quai Branly befindet sich das Restaurant **Les Ombres**, allgemein bekannt für den umwerfend romantischen Blick auf den Eiffelturm. Du darfst Luxus, leckeres Essen und kleine Portionen erwarten!

27, Quai Branly, 7. Arr., www.lesombres-restaurant.com, Telefon 0147536800, geöffnet Di.–So. 19–22.30 Uhr, Preis € 40, Metro 9 Alma Marceau

⑨ Das Nachbarschaftscafé **Le Malabar** ist bei den Einheimischen sehr beliebt, und es ist nicht schwer zu verstehen, warum: frische Getränke, köstliches Essen, aufmerksamer Service und eine gute Atmosphäre. Die Speisekarte ist modern und französisch, ideal für ein informelles Mittag- oder Abendessen.
88, Rue Saint Dominique, 7. Arr., Telefon 0145513144, www.lemalabarparis.com, geöffnet täglich 8.00–14.00 Uhr, Preis € 10, Metro 8 La Tour-Maubourg

⑪ Die **Brasserie Thoumieux** ist seit den wilden Zwanzigern eines der beliebtesten Restaurants am linken Ufer von Paris. Der Charme der Art-déco-Epoche ist in der Inneneinrichtung erhalten geblieben, allerdings mit einem modernen Touch. Die Speisekarte ist klassisch französisch: Zum Beispiel isst man hier köstliche Esgarcots, Confit de Canard und zum Nachtisch ein Caramel-Eclair. Lecker! Sonntags wird auch Brunch serviert und jeden Donnerstag-, Freitag- und Samstagabend spielt jemand live im Restaurant Klavier.
79, Rue Saint Dominique, 7. Arr., Telefon 0147057900, brasseriethoumieux.fr, geöffnet täglich 12.00–14.30 & 19.00–23.00 Uhr, Preis € 30, Metro 8 La Tour-Maubourg

⑬ Das **Faust** liegt unter dem Pont Alexandre III und bietet drei Optionen: eine Terrasse, um etwas zu trinken, ein schickes Restaurant und eine Disco. Wenn du weiter unter der Brücke durchgehst, triffst du auf weitere Terrassen. Besonders im Sommer an den Freitagabenden ist es hier sehr anheimelnd.
Pont Alexandre III, 7. Arr., Telefon 0144186060, geöffnet Restaurant & Terrasse täglich 12.00–2.00 Uhr, Club Fr.–Sa. 23.30–7.00 Uhr, Preis Mittagsmenü € 26, Metro 1, 13 Champs-Élysées Clemenceau, 8, 13 Invalides

⑭ Nach dem Erfolg des Rosa Bonheur im Parc Buttes Chaumont gibt es jetzt auch das **Rosa Bonheur sur Seine**. Das Boot aus Holz und Glas ist Restaurant und Club in einem. Genieß eine Pizza aus dem Steinofen, während du den Booten auf der Seine zuschaust. Am Abend verwandelt sich das Boot in einen Club. Hier werden außerdem regelmäßig Konzerte und Veranstaltungen organisiert.
Quai d'Orsay, Port des Invalides, 7. Arr., rosabonheur.fr, Telefon 0147536692, geöffnet Mi.–Fr. 18.00–1.30, Sa. 12.00–1.30, So. 12.00–23.00 Uhr, Preis € 15, Metro 8, 13 Invalides

3

14
Rosa Bonheur
SUR SEINE

13
FAVST

13
4 Flashs
2€
4 Photos
4 FLASHS
4 PHOTOS

17

9

9
RUE
SAINT DOMINIQUE
SAUF

⑰ Für einen besonderen Kaffee, Lunch oder Brunch am Wochenende ist das hippe **Coutume Café** der angesagte Ort in diesem Botschaftsviertel. Liebhaber können hier exotische Kaffeesorten kaufen. Samstags und sonntags kann man hier aus drei Sorten Brunch wählen: klassisch, detox veggie oder sumatran. Egal, wofür du dich entscheidest – du wirst mit gut gefülltem Bauch wieder nach draußen gehen.

47, Rue de Babylone, 7. Arr., www.coutumecafe.com, Telefon 0145515047, geöffnet Mo.–Fr. 8.30–17.30 Uhr, Sa.–So. 9.00–18.00 Uhr, Preis Lunch € 17, Metro 13 Saint François Xavier

㉒ Lust auf eine Tasse Kaffee? Dann musst du zu **Noir** gehen. Diese trendige Kaffeebar serviert köstlichen Kaffee, der aus vor Ort gerösteten Bohnen hergestellt wird. Die Baristas sind nicht nur professionell und gut geschult, sondern auch sehr freundlich. Magst du den Kaffee? Dann kannst du ihn auch über die Website bestellen.

9, Rue de Luynes, 7. Arr., noircoffeeshop.com, Telefon 0780982197, geöffnet täglich 8.00–18.00 Uhr, Preis Espresso € 2,50, Metro 12 Rue du Bac

㉜ Das Restaurant **Le Drugstore** ist eine Toplocation für das Geschäftsessen, und darauf ist auch die Bedienung eingestellt. Hier erlebt man schnellen, freundlichen Service und ausgezeichnetes Essen. Le Drugstore befindet sich im Gebäude von Publicis, einem der bekanntesten Unternehmen in Frankreich. Der Besitzer von Publicis ließ sich durch New York für Le Drugstore inspirieren. Es bietet nicht nur ein Restaurant, sondern auch eine Apotheke, die 24 Stunden täglich geöffnet ist, eine Buchhandlung und eine Art Supermarkt.

133, Avenue des Champs-Élysées, 8. Arr., www.publicisdrugstore.com, Telefon 0144437764, geöffnet Mo.–Fr. 8.00–2.00 Uhr, Sa.–So. 10.00–2.00 Uhr, Preis € 26, Metro 1, 2, 6 Charles de Gaulle-Étoile

㉝ Wer etwas zu feiern hat, geht ins **Le Chiberta**. Das stilvolle Restaurant von Guy Savoy trägt einen Michelinstern. Hier kannst du gehobene klassisch-französische Küche genießen. Die Weinkarte ist ausgezeichnet und die Flaschen selbst sind wichtiger Bestandteil der Deko!

3, Rue Arsène Houssaye, 8. Arr., www.lechiberta.com, Telefon 0153534200, geöffnet Mo.–Fr. 12.00–14.30 & 19.30–23.00 Uhr, Sa. 12.00–14.30 & 19.00–23.30 Uhr, Preis Menu Dégustation € 120, Metro 1, 2, 6 Charles de Gaulle-Étoile

SHOPPEN

⑩ Die Rue Saint Dominique 10 ist die beste Einkaufsstraße im 7. Arrondissement, und **Ba&sh** ist ein Geschäft, das man nicht verpassen sollte. Die Designerinnen dieser Marke sind Barbara und Sharon, zwei stilvolle Pariserinnen und beste Freundinnen. Gemeinsam entwerfen sie romantische und feminine Kleidung von höchster Qualität, natürlich mit dem typisch französischen Je-ne-sais-quoi-Stil.
81, Rue Saint Dominique, 7. Arr., ba-sh.com, geöffnet Mo.–Sa 10.30–19.30 Uhr, Metro 8 La Tour-Maubourg

⑱ Das sehr luxuriöse Kaufhaus **Le Bon Marché Rive Gauche** wird von den Parisern selbst rege besucht. Hier sind alle schicken, eleganten Topmarken vertreten. An einem Wochentag kann man herrlich in Ruhe herumschlendern. Ein zweites Kaufhaus von Le Bon Marché befindet sich bei Nummer 38: **La Grande Épicerie de Paris**. Es steht ganz im Zeichen der Gastronomie. Ein absolutes Muss für alle, die auf Kochen und leckeres Essen stehen.
24, Rue de Sèvres, 7. Arr., www.lebonmarche.com, Telefon 0144398000, geöffnet Mo.–Sa. 10.00–19.45 Uhr, Do. 10.00–20.45 Uhr, So. 11.00–19.45 Uhr, La Grande Épicerie geöffnet Mo.–Sa. 8.30–21.00 Uhr, So 10.00–20.00 Uhr, Metro 10, 12 Sèvres Babylone

⑲ Das Konzept dieses riesigen Geschäfts voller Design, Gadgets und Musthaves für die Wohnung kam aus London herübergeweht. Im beliebten **Conran Shop** findest du den perfekten Mix aus Designklassikern und Arbeiten junger Designer. Immer toll zum Stöbern!
117, Rue du Bac, 7. Arr., www.conranshop.com, Telefon 0142841001, geöffnet Mo.–Fr. 10.00–19.30 Uhr, Sa. 10.00–20.00 Uhr, So. 11.00–19.00 Uhr, Metro 10, 12 Sèvres Babylone

⑳ **Oh My Cream!** ist ein Beauty-Konzeptladen. Hier werden Hautpflegeprodukte und Make-up verkauft, die alle frei von schädlichen Chemikalien oder mit biologischen Inhaltsstoffen sind. Entdecke neue Marken und lass dich über die neuesten Schönheitstrends beraten. Nicht nur die Pariser sind Fans!
104, Rue du Bac, 7. Arr., www.ohmycream.com, geöffnet Mo. 14.00–19.00, Di.–Sa. 10.30–19.30 Uhr, Metro 10, 12 Sèvres-Babylone

23
DEYROLLE

20

30

DEYROLLE
DEYROLLE
23

30
156
8me ARR
AVENUE
DES
CHAMPS ELYSÉES
Cartier

8

30
LADURÉE
LADURÉE

㉓ Dieses Geschäft ist ein Erlebnis für sich. Knarzende Böden, alte Vitrinen voller Raritäten, Schmetterlingen und Muscheln, überall ausgestopfte Tiere – hier kann man sich nicht sattsehen! **Deyrolle** produziert außerdem seit über hundert Jahren Schulwandbilder, die man hier in großer Anzahl findet.
46, Rue du Bac, 7. Arr., www.deyrolle.com, geöffnet Di.–Sa. 10.00–19.00 Uhr, Metro 12 Rue du Bac

㉛ Louis Ernest Ladurée eröffnete 1862 das **Ladurée**, eine schicke Bäckerei mit Teesalon. An der Einrichtung hat sich seither kaum etwas geändert. Die Auswahl an Köstlichkeiten ist unendlich. Probier auf jeden Fall die berühmten Macarons, die Spezialität des Hauses. Tipp: Frühstück hier im Restaurant.
75, Avenue des Champs-Élysées, 8. Arr., www.laduree.com, geöffnet Laden täglich 8.00–21.30 Uhr, Restaurant 8.00–22.30 Uhr Uhr, Metro 1 Georges V

FREIZEITTIPPS

⑧ Die Gemeinde Paris hat diese Straßen vom Autoverkehr befreit und für die Freizeit zur Verfügung gestellt. Jetzt schlendern, spazieren, radeln, skaten und joggen die Pariser nach Herzenslust bei **Les Berges de la Seine**. Vor allem im Sommer wird eine Vielzahl von Aktivitäten organisiert. Ideal, um ein Stück entlang der Seine zu schlendern.
Zwischen dem Pont l'Alma und dem Louvre an der Seine, www.lesberges.paris.fr, Eintritt frei, Metro 9 Alma-Marceau, 8, 13 Invalides

㉚ Die **Champs-Élysées**, *la plus belle avenue du monde* (die schönste Prachtstraße der Welt), ist heute eine Straße, auf der du endlos in Geschäften shoppen kannst, die es auch anderswo gibt. Die Seitenstraßen Avenue Montaigne und Avenue George V bieten den Flagship-Stores von Dior, Chanel und allen anderen französischen Modenamen Unterschlupf.
Champs-Élysées, 8. Arr., Metro 1, 13 Champs-Élysées-Clemenceau, 1 Georges V, 1, 9 Franklin D Roosevelt

ROUTE 6

BELLEVILLE, CANAL SAINT-MARTIN & MÉNILMONTANT

INFOS ZUR ROUTE

Die Tour führt durch Arbeiterviertel und vorbei an Künstlerplätzen. Bassin de la Villette und **Canal Saint-Martin** sind vor allem nachmittags belebt. Es gibt außer Père-Lachaise wenig Sehenswürdigkeiten. Dorthin kannst du eventuell auch direkt mit der Metro fahren.

DIE VIERTEL

Die Arbeiterviertel Belleville, Canal Saint-Martin und Ménilmontant befinden sich im 10. und 19. Arrondissement am rechten Ufer. Rund um Canal Saint-Martin und **Bassin de la Villette** schießen immer mehr hippe Treffpunkte aus dem Boden. Vom Trödelladen bis zum Hotel, vom schönen Restaurant bis zu kulturellen Hotspots. Einfach am Wasser entlangschlendern, radfahren, relaxen und picknicken ist aber auch fantastisch.

Der **Parc des Buttes-Chaumont** präsentiert sich mit eigenwilliger Landschaftsarchitektur. Vom höchsten Punkt des Hügels (Buttes) blickt man hinüber zu Sacré-Coeur und dem Arbeiterviertel Belleville, in dem die Chansonsängerin Édith Piaf lebte. In diesem Viertel spürt man noch das alte Paris.

Mitten in Belleville befindet sich der kleine **Parc de Belleville**. Vom höchsten Punkt ist der Blick phänomenal. Das Besteigen des Hügels in diesem Park ist eigentlich besser als das stundenlange Anstehen am Eiffelturm … Den kannst du von hier übrigens sehr gut bewundern! Rund um den Park liegen Straßen voll origineller Läden wie Pop-up-Stores, in denen junge Designer ihre Produkte anbieten. Dieses Viertel erwacht erst nach dem Mittagessen zum Leben.

Der Süden von Belleville hat über die Jahre einen multikulturellen Charakter bekommen. Auf den großen Boulevards wird das Straßenbild von chinesischen

Restaurants, Läden mit exotischen l
benfrohen Märkten bestimmt. Belle
über. Anziehungspunkt in der Nachb
Père-Lachaise. Das Viertel wurde in
aber seinen Charakter behalten. Orig
Bars abgelöst, die vor allem bei Jüng
Rue d'Oberkampf ist die Atmosphä

WENIG ZEIT? DAS SIND DIE H
Le Canal Saint-Martin + Bassin de
Chaumont + Parc de Belleville + C

Relax i

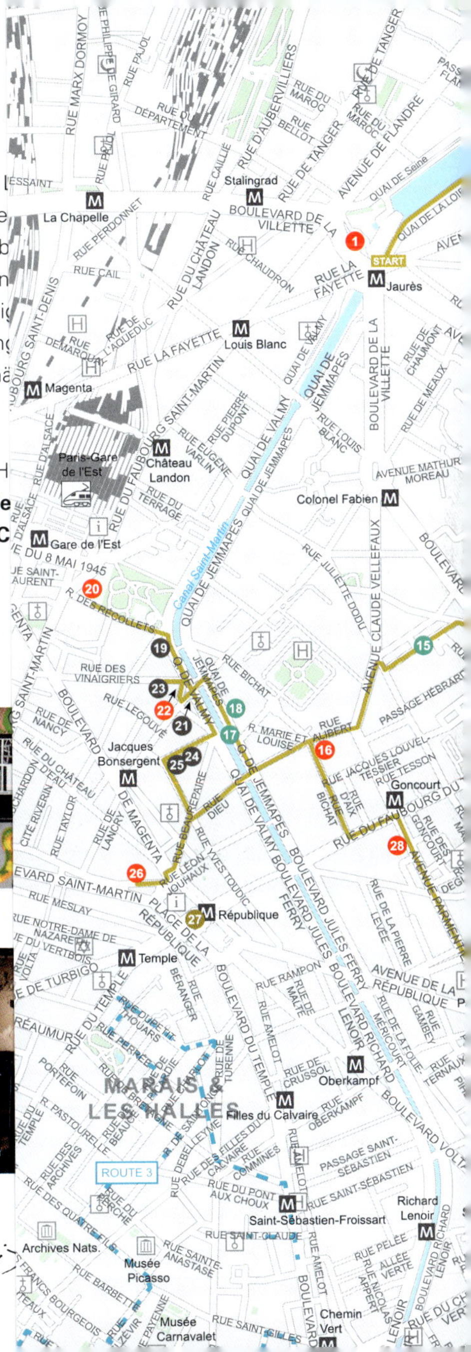

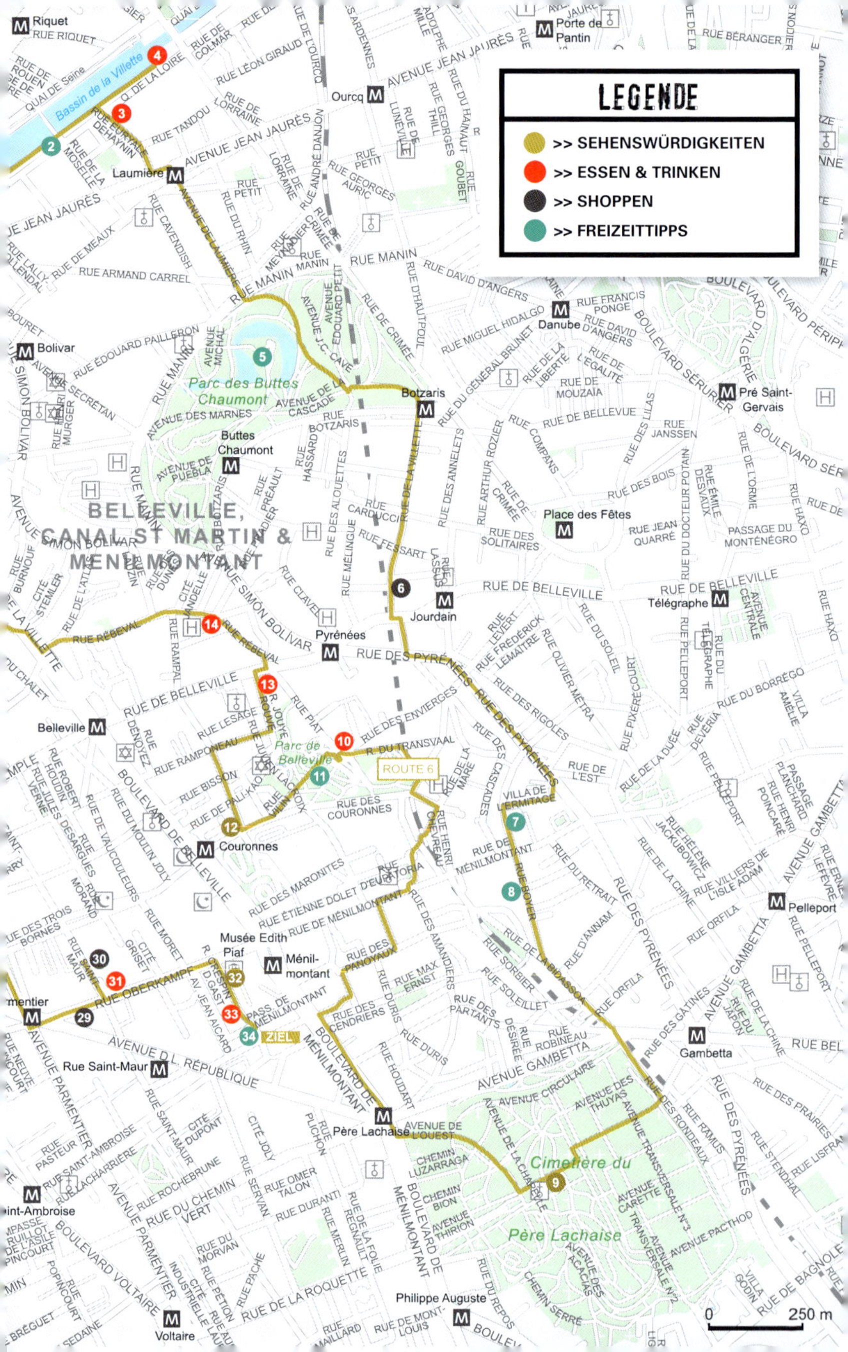
LEGENDE
>> SEHENSWÜRDIGKEITEN
>> ESSEN & TRINKEN
>> SHOPPEN
>> FREIZEITTIPPS
BELLEVILLE, CANAL ST MARTIN & MÉNILMONTANT
ROUTE 6
ZIEL
Parc des Buttes Chaumont
Parc de Belleville
Cimetière du Père Lachaise
Bassin de la Villette
Musée Edith Piaf
Riquet
Porte de Pantin
Ourcq
Laumière
Danube
Bolivar
Botzaris
Pré Saint-Gervais
Buttes Chaumont
Place des Fêtes
Jourdain
Télégraphe
Pyrénées
Belleville
Couronnes
Ménil-montant
Pelleport
Gambetta
Rue Saint-Maur
Père Lachaise
Philippe Auguste
Voltaire
AVENUE JEAN JAURÈS
RUE DE BELLEVILLE
RUE DES PYRÉNÉES
RUE DE MÉNILMONTANT
BOULEVARD DE BELLEVILLE
BOULEVARD DE MÉNILMONTANT
RUE OBERKAMPF
AVENUE DE LA RÉPUBLIQUE
AVENUE GAMBETTA
BOULEVARD VOLTAIRE
0
250 m

BESCHREIBUNG ROUTE 6 (ca. 14,4 km)

Von der Metrostation Jaurès läufst du zum Bassin de la Villette 1 2. Spiel unterwegs eine Runde Jeu-de-Boule 3. Etwas weiter genehmigst du dir ein Bier 4. Geh zurück und dann links in die Rue E. Dehaynin zum Park 5 bis zum Ausgang an der Rue de la Villette: hier kannst du shoppen 6. Die Straße geht in die Rue B. Dumay über. Geh links in die Rue des Pyrénées und dann bei der Villa de l'Ermitage 7 nach rechts. Wenn du Père-Lachaise nicht besuchen möchtest, bieg rechts in die Rue de Ménilmonant ein und dann rechts in die Rue de la Mare. Sonst gehst du geradeaus weiter in die Rue Boyer 8. Weiter geradeaus über die Rue de la Bidassoa in die Rue des Rondeux Père-Lachaise 9 hinein. Nimm den Ausgang am Boulevard de Ménilmontant. Bieg rechts in die Passage Montplaisir ein, über die Rue des Panoyaux und die Rue Delaitre zur Église Notre-Dame de la Croix. Links hinter der Kirche gehst du in die Rue de la Mare, links in die Rue des Couronnes und läufst durch die Passage Plantin hoch zum Park 10 11 für eine tolle Aussicht. Geh über die Rue des Couronnes hinab und besuch die Künstler dort 12. Lauf über die Rue F. Picabia zur Rue Ramponeau und geh dort nach rechts. Nimm dann die Rue Jouye-Rouve nach links 13. Geradeaus in die Rue Rébéval hinein 14. Diese Straße läufst du bis zum Ende zum Boulevard de la Villette durch. Überquer ihn, nimm ein kleines Stück der Rue de Sambre-et-Meuse und dann links die Rue St-Marthe 15. Geh nach links auf die Avenue Claude Vellefaux und danach rechts in die Rue Alibert 16 Richtung Canal St.-Martin 17. Geh rechts zum Quai de Jemappes, wo ein bemerkenswertes Kulturzentrum liegt 18. Geh zum Kanal zurück und überquer die eiserne Brücke 19, dann geradeaus über die Rue des Récollets 20 oder direkt nach links zum Quai de Valmy zu. Geh bis zur Rue de Marseille links weiter 21 22 23. Wer in Outlets shoppen möchte geht durch die Rue de Marseille und dann nach links 24 25. Bieg links in die Rue Y. Toudic und am Ende der Straße rechts in die Rue Beaurepaire. Besuch die Place de la République 26 27. Zurück geht es über die Rue Dieu und über die Brücke. Nimm die Rue Alibert zurück und bieg an der Rue Bichat rechts ab. Lauf bis zur Metrostation Goncourt und in die Avenue Parmentier 28. Geh weiter und dann rechts in die Rue Oberkampf zu schönen Läden 29 30. Geh durch die belebte, hektische Rue Oberkampf bis zu weiteren Lokalen 31. Schlag rechts die Rue Crespin du Gast ein, um zum Musée Édith Piaf 32 und zur Rooftop-Terrasse 33 zu gelangen. Beschließ den Tag in einem beliebten Café 34.

SEHENSWÜRDIGKEITEN

⑨ Der **Cimetière du Père-Lachaise** ist der berühmteste und größte Friedhof von Paris. Er ist für Oscar Wilde, Marcel Proust, Sidonie-Gabrielle Colette, Édith Piaf, Jim Morrison, Frédéric Chopin und weitere Berühmtheiten und Unbekannte die letzte Ruhestätte. An den von Kastanien beschatteten Alleen findest du die unterschiedlichsten Grabstätten: kleine Paläste und Ruinen, Gräber mit Marmorsäulen, Engel, Porzellanstatuen und vieles mehr.

58, Rue des Rondeaux, Boulevard de Ménlilmontant, Rue des Repos, 20. Arr., www.pere-lachaise.com, Telefon 0155258210, geöffnet 6. Nov.–15 März Mo.–Fr. 8.00 bis 17.30 Uhr, Sa. 8.30–17.30 Uhr, So. 9.00–17.30 Uhr & 16. März–5. Nov. Mo.–Fr. 8.00 bis 18.00 Uhr, Sa. 8.30–18.00 Uhr, So. 9.00–18.00 Uhr, Eintritt frei, Metro 2, 3 Père-Lachaise

⑫ **Ateliers d'Artistes de Belleville** ist ein Dachverband für lokale Künstler. Ziel ist, den künstlerischen Charakter von Belleville zu bewahren und Künstler zu fördern. All dies durch internationale Austauschprogramme, Ausstellungen und Kurse. Mehr als 250 Künstler und 20 Kollektive aus verschiedenen Bereichen sind der Organisation angeschlossen. Die Ausstellungen, zum Beispiel zur Fotografie, sind oft sehr lohnend. Das aktuelle Programm findest du auf der Website.

1, Rue Francis Picabia, 20. Arr., www.ateliers-artistes-belleville.fr, Telefon 0173742767, Öffnungszeiten siehe Website, Metro 2 Couronnes

㉗ Die **Place de la République** ist einer der pulsierendsten Plätze von Paris. Gelegen zwischen dem hippen Canal St. Martin und Le Marais ist es ein Ort des Kommens und Gehens. Mitten auf dem Platz steht die berühmte Statue von Marianne, der Nationalfigur Frankreichs. Auf dem Platz finden regelmäßig Aktivitäten und Demonstrationen statt; hier gibt es immer etwas zu erleben.

Place de la République, 3. Arr., Metro 3, 5, 8, 9, 11 République

㉜ Am 15. Dezember 1915 wurde Édith Piaf in Nummer 72 der Rue de Belleville geboren. Ihre Jugend hat sie buchstäblich in den Straßen von Belleville und Ménilmontant verbracht. Das **Musée Édith Piaf** erzählt anhand von Souvenirs, Fotos, Briefen, Plakaten und Theaterkostümen alles über ihr turbulentes Leben. Möchtest du das Museum gern besuchen? Dann vereinbare mindestens zwei Tage vorher einen Termin.

* Urban creative

5, Rue Crespin du Gast, 11. Arr., www.parisinfo.com/musee-monument-paris/71402/musee-edith-piaf, geöffnet Mo.–Mi, 13.00–18.00 Uhr, Do. 10.00–12.00 Uhr, Juni & Sept. geschlossen, Besuch nach Vereinbarung, Eintritt frei, Metro 2 Ménilmontant

ESSEN & TRINKEN

① **La Rotonde Stalingrad** ist eine Location für jede Gelegenheit: Restaurant, Brunchmöglichkeit, eine riesige Terrasse und eine kleine Bar mit Musik am Wochenende. Manchmal werden Veranstaltungen organisiert, z. B. Flohmärkte oder ein Fashion Brunch. Auf der Website steht das Programm.

6–8, Place de la Bataille de Stalingrad, 19. Arr., www.larotondestalingrad.com, Telefon 0180483340, geöffnet Mo. 15.00–1.00 Uhr, Di–So 9.00–1.00 Uhr, Preis € 18, Metro 2, 5, 7b Jaurès, 2, 5, 7 Stalingrad

③ In der alternativen **Bar Ourcq** kannst du Liegestühle und Jeu-de-Boule-Spiele leihen. Die Getränke, die du an der Bar bestellst, kannst du mit ans Wasser nehmen. Bei kleinen Snacks (zum Beispiel in Teig gerollte Knackwurst oder hausgemachter Cake) und Musik eines DJ kannst du den ganzen Abend „abhängen".

68, Quai de la Loire, 19. Arr., barourcq.free.fr, Telefon 0142401226, geöffnet Do. 15.00 bis 0.00 Uhr, Fr.–Sa. 15.00–2.00 Uhr, So. 15.00–22.00 Uhr, Preis Bier € 3, Metro 2, 5, 7b Jaurès, 5 Laumière

④ Das beste hausgebraute Bier von Paris bekommst du bei der **Panama Brewing Company** im Norden des Quai de la Loire. Auf der Terrasse am Wasser genießt du ein kaltes Bier mit Streatfood wie Pizza, Quesadillas oder einen Burger. Die Brauerei hat 5 hausgebraute Biere im Sortiment und experimentiert zudem mit Saisonbieren.

41 bis Quai de la Loire, 19. Arr., www.panamebrewingcompany.com, Telefon 0140364355, geöffnet täglich 11.00–2.00 Uhr, Preis Spezialbier € 4,50, Mittagsgericht € 11, Metro 5 Laumière, 7 Riquet

⑩ Für einen Drink kannst du dir keinen besseren Platz als **Moncœur Belleville** aussuchen. Von der Terrasse ist die Aussicht über die Dächer von Paris spektakulär. Aber auch drinnen kann man sich wohlfühlen. Hierher kommt man eher wegen eines Drinks und der Atmosphäre und nicht wegen des Essens, obwohl Letzteres auch nicht schlecht ist. Außerdem werden regelmäßig Ausstellungen, Lesungen, Diskussionsveranstaltungen und Musikabende veranstaltet.

1, Rue des Envierges, 20. Arr., www.moncoeurbelleville.com, Telefon 0143663854, geöffnet täglich 10.00–2.00 Uhr, Preis € 16, Brunch sonntags € 17, Metro 11 Pyrénées

⑬ **Le Baratin** ist ein schönes, typisches Pariser Bistro mit perfekter Weinkarte. Raquel Caréla bereitet in ihrer kleinen Küche französische Gerichte zu. Nimm ein Glas Sagesse de Gramenon zum Lunch oder lass dir etwas empfehlen. Eine sehr beliebte Adresse bei den Einheimischen, also lieber reservieren.

3, Rue Jouye-Rouve, 20. Arr., Telefon 0143493970, geöffnet Mo. 12.00–14.30 Uhr, Di.–Fr. 12.00–14.30 & 19.30–23.00 Uhr, Sa 19.30–23.00 Uhr, Preis Lunch € 20, Dinner € 40, Metro 11 Pyrénées, 2 Belleville

⑭ In Paris ist es schwer, ein gutes veganes oder glutenfreies Restaurant zu finden. Bei **Zoé Bouillon** aber erhältst du gesunde Gerichte, die nicht nur schmackhaft, sondern auch noch preiswert sind. Freundliches Personal erläutert dir die Speisen. Probier auch eines der Desserts; sie schmecken vorzüglich.
66, Rue Rébéval, 19. Arr., www.zoebouillon.fr, Telefon 0142020283, geöffnet Mo.–Fr. 11.30–15.30 & 18.30–22.30 Uhr, Sa. 11.30–15.30 Uhr, Preis € 12, Metro 11 Pyrénées

⑯ Lust auf französisch-kambodschanische Küche? Im **Le Petit Cambodge** kannst du kambodschanisch zu Mittag oder Abend essen. Nimm an den schmalen Holztischen Platz und iss mit Stäbchen.
20, Rue Alibert, 10. Arr., www.lepetitcambodge.fr, Telefon 0142458088, geöffnet Mo.–Do. & So. 12.00–23.00 Uhr, Fr.–Sa. 12.00-23.30 Uhr, Preis € 13, Metro 3, 5, 8, 9, 11 République, 11 Goncourt

㉓ Das **Café A** liegt in einem ehemaligen Kloster und ist ein echter Ruhepol im Herzen von Paris. Im künstlerischen Café werden regelmäßig Ausstellungen organisiert, und die Tische sind mit Werken junger Pariser Künstler geschmückt. Ein echter Tipp ist jedoch der Garten mit seinen Liegestühlen.
148, Rue du Faubourg Saint Martin, 10. Arr., www.cafea.fr, Telefon 0981298338, geöffnet Mo. & So. 10.00–17.00 Uhr, Di.–Sa. 10.00–2.00 Uhr, Preis € 15, Metro 4, 5, 7 Gare de l'Est

㉑ Die Weinbar **Early June** ist eines dieser typischen Pariser Lokale, in denen man am liebsten den ganzen Abend verbringen würde. Hier gibt es köstliche Weine, begleitet von kleinen Gerichte, die zum Teilen gedacht sind. Anfang Juni sind Köche aus der ganzen Welt zu Gast und präsentieren ihre Kunst. Das Menü ist daher jedes Mal eine Überraschung.
19, Rue Jean Poulmarch, 10. arr., Telefon 0142854074, early-june.fr, geöffnet Mi.–So. 18.00–1.00 Uhr, Preis € 20, Metro 5 Jacques Bonsergent

10

26

20

13
PET. NAT. ITALIE
CHAMPAGNE RUPPERT
ROUGES
ROSE
2015 CHINON SEBILLE
2013 JURA P.CLAIRET
2013 SAVOIE G. BERLIOZ
2014 ITALIE CALABRE
2011 COTES DE DURAS JOUGLA
2016 J.NICO - ROUSSILLON
2015 GEVREY - CHAMBERTIN RATEAU
2014 MORGON J. FOILLARD
2013 CHATEAU PAQUITA - MAJORQUE

16

Enjoy the best
local food!

(26) **Lavomatic** sieht auf den ersten Blick wie ein normaler Waschsalon aus, hier kann man aber mehr als nur rotierende Maschinen erleben. Wenn du an einer der Maschinen eine Taste drückst, öffnet sich eine Geheimtür zu einer kleinen, intimen Cocktailbar. Hier wirst du keinen Standard-Mojito finden, sondern besondere Cocktails aus besten Zutaten. Das Lavomatic befindet sich in der Nähe des turbulenten République; günstig, wenn du später noch ausgehen möchtest.
30, Rue René Boulanger, 10. Arr., www.lavomatic.paris, geöffnet Di.–Mi. 18.00 bis 1.00 Uhr, Do.–Sa. 18.00–2.00 Uhr, Preis Cocktail € 9, Metro 3, 5, 8, 9, 11 République

(28) Das Restaurant **Le Chateaubriand** ist extrem beliebt. Und das nicht ohne Grund: Der talentierte junge Chefkoch Inaki Aizpitarte präsentiert innovative Gerichte mit hohem Niveau in schönem, schlichtem und stilvollem Ambiente. Die Bedienung ist piekfein gekleidet und unterstreicht so das Konzept nochmals. Reservieren ist ein absolutes Muss.
129, Avenue Parmentier, 11. Arr., www.lechateaubriand.net, Telefon 0143574595, geöffnet Di.–Sa. 19.00-23.00 Uhr, Preis Menü € 75, Metro 11 Goncourt

(31) Ursprünglich war das **Café Charbon** ein Varietétheater, in dem der Sänger Maurice Chevalier sein Debüt gab. Das Grand Café mit braunem Holz und Leuchten, die scheinbar schon Jahrhunderte hier hängen, ist am Wochenende voller junger Pariser. Abends trinkt man hier etwas und schwingt das Tanzbein.
109, Rue Oberkampf, 11. Arr., www.lecafecharbon.fr, Telefon 0143575513, geöffnet Mo.– Do. & So. 8.00–2.00 Uhr, Fr.–Sa. 8.00–5.00 Uhr, Preis Getränke € 4, Metro 3 Parmentier

(33) **Le Perchoir**, das ist das Pariser Sex-and-the-City-Gefühl. In dieser Rooftop-Bar kannst du herrlich mit einem Cocktail in der Hand und einem fantastischen Blick loungen. Das Publikum ist international: Bewohner der Stadt aus allen Winkeln der Welt kommen hier zusammen. Dort, wo der Türsteher steht, kommst du zum Lift, der dich sieben Etagen in die Höhe trägt, zur Bar auf dem Dach. An der Bar kannst du Snacks zum Drink bestellen. Das Restaurant (Reservieren obligatorisch) liegt eine Etage tiefer.
14, Rue Crespin du Gast, 11. Arr., leperchoir.fr, Telefon 0148061848, Bar geöffnet Do.–Sa. 18.00–2.00 Uhr, Preis Drink € 13, Überraschungsmenü € 39, Metro 2 Ménilmontant, 3 Rue Saint Maur

SHOPPEN

⑥ Wer nach ungewöhnlichem Design sucht, muss **L'Embellie** einfach besuchen. Töpferwaren, Leuchten, Nützliches für das Büro, Tassen … das sind nur ein paar Beispiele aus der Gesamtkollektion dieses Ladens. Alles Produkte einer Art, die man bestimmt nicht überall findet. In dieser Straße gibt es viele Pop-up-Stores, Läden, die lokales Design anbieten. Lass dir das nicht entgehen!
14, Rue de la Villette, 19. Arr., www.lembellie-design.fr, Telefon 0142014289, geöffnet Di.–Fr. 11.00–14.00 & 16.00–20.00 Uhr, Sa. 10.30–19.30 Uhr, Metro 11 Jourdain

⑲ **Antoine & Lili** sind drei knallbunte Geschäfte am Canal Saint-Martin: ein Laden mit Objekten aus der ganzen Welt, einer mit Damenbekleidung und einer mit Kleidung für Kinder. Alle drei sind farbenfrohe, multikulturelle Paradiese mit Kleidung und Kitsch im variierenden Stil von hindustanisch bis mexikanisch. Neben der eigenen Kleiderkollektion gibt es hier alle Lieblingsmarken von Antoine und Lili.
95, Quai de Valmy, 10. Arr., www.antoineetlili.com, geöffnet Mo. 13.00–19.00 Uhr, Di.–So. 11.00–19.00 Uhr, Metro 3, 5, 8, 9, 11 République, 11 Goncourt

⑳ Die rote Fassade der Buchhandlung **Artazart** kannst du nicht übersehen. Sie ist einer der bekanntesten Buchläden der Stadt und bekannt für ihre Auswahl an Design, Mode, signierten und seltenen Bücher. Du kannst auch schöne Drucke kaufen, gelegentlich wird eine Ausstellung organisiert. Schön zum Stöbern!
83, Quai de Valmy, 10. Arr., artazart.com, geöffnet täglich 10.30–19.30 Uhr, Metro 5 Jacques Bonsergent

㉒ Die französische Marke **LDB** stellt stilvolle und hochwertige Basics her. Sie ist nachhaltig und verwendet nur schöne Stoffe, die ein Leben lang halten, wie Kaschmir und Bio-Baumwolle. So bist du nicht nur stilvoll gekleidet, sondern hilfst auch dem Planeten. Hier, im 10. Arrondissement, findest du ihren Outlet-Store, aber sie haben noch weitere Läden in Paris, die ebenfalls empfehlenswert sind.
29, Rue des Vinaigriers, 10. Arr., ldbparis.com, geöffnet täglich 11.00–19.00 Uhr, Metro 5 Jacques Bonsergent

19
Antoine & Lili
SOLDES

21
Darius Khondji

19

㉔ In der **Rue de Marseille** sind die Outlets der französischen Marken versteckt. Hier findest du Kollektionen der letzten Saison oder reduzierte Artikel aus den Läden von Maje (Nummer 4), Claudie Pierlot (Nummer 6) und Les Petites (Nummer 11). Schön stöbern im großen Angebot von Kleidchen, Schuhen, Seidenblusen, Lederjacken, Handtaschen und mehr …

Rue de Marseille, 10. Arr., geöffnet Mo.–Sa. 11.00–20.00 Uhr, So. 13.30–19.30 Uhr, Metro 5 Jacques Bonsergent

㉕ Das **Centre Commercial** in der Rue de Marseille ist der perfekte Laden, wenn du besondere französische Marken wie Repetto und Isabel Marant suchst. Hier findest du Bekleidung und Accessoires aufkommender Designer. Alle Marken, die im Geschäft verkauft werden, schenken Qualität sowie sozial und ökologisch nachhaltiger Produktion besondere Aufmerksamkeit. Ein perfektes Geschäft für einen nachhaltigen, schönen Einkauf.

2, Rue de Marseille, 10. Arr., www.centrecommercial.cc, geöffnet Mo.–Sa. 11.00–20.00 Uhr, So. 14.00–19.00 Uhr, Metro 3, 5, 8, 9, 11 République, 5 Jacques Bonsergent

㉙ Die Kollektionen an Tassen, Schmuck und Accessoires von **Made by Moi** sind, wie der Name schon sagt, handgemacht. Einige Stücke werden in kleinen Auflagen produziert, andere sind Einzelstücke. Hier findest du auch eine kleine Auswahl an Bekleidung und Must-haves.
86, Rue Oberkampf, 11. Arr., www.madebymoi.fr, geöffnet Di.–Sa. 11.00–19.00 Uhr, Metro 3 Parmentier

㉚ Kleider, Röcke, Schuhe, Tücher, Hüte, Kinderkleidung und Bettwäsche aus traditionellem afrikanischem Material mit modernem, westlichem Touch – das ist **Africouleur**. Alle Artikel handgemacht.
108, Rue Saint-Maur, 11. Arr., www.africouleur.com, geöffnet Di.–Mi. 10.30–20.00 Uhr, Do.–Fr. 11.00–20.00 Uhr, Sa. 11.00–17.00 Uhr, Metro 3 Rue Saint-Maur/Parmentier

FREIZEITTIPPS

② Am Ende eines schönen Tages kannst du am **Bassin de la Villette** herrlich am Wasser schlendern, sitzen, picknicken oder Boule spielen. Manche Clique versammelt sich hier zum Picknick oder zu einem Drink. An zwei Seiten des Wassers kommst du sogar ins Kino. Kauf dein Ticket an dem Ufer, an dem dein Film nicht gezeigt wird, und lass dich mit dem Boot hinüberfahren.
Quai de la Loire, 19. Arr. Eintritt frei, Metro 2, 5, 7b Jaurès, 2, 5, 7 Stalingrad

⑤ Die **Buttes-Chaumont** bestanden früher aus Sumpf und Kalkböden. 1864 erteilte Napoleon III. dem Stadtarchitekten Haussmann den Auftrag, dieses Niemandsland zu verwandeln. Im Jahr 1867 wurde der Parc des Buttes-Chaumont eröffnet, ein pittoresker Landschaftsgarten mit Bäumen, Büschen, Treppen, Höhlen und einem großen See. Im See thront auf einem Felsen eine Replik des Temple de Sybille, dessen Original im Tivoli steht. Kletter hoch bis zum Tempel, dann wirst du mit einer tollen Aussicht auf Sacré-Cœur belohnt.
Rue Manin, Rue Botzaris, Avenue Simon-Bolivar, 19. Arr., www.paris.fr/equipements/parc-des-buttes-chaumont-1757, Telefon 0142450981, geöffnet Mai–Sept. täglich 7.00–22.00 Uhr, Okt.–Apr. täglich 7.00–20.00 Uhr, Eintritt frei, Metro 7b Buttes-Chaumont/Botzaris

17
Cheers!

11

5

⑦ Unten an der schönen Straße Ville de l'Ermitage liegt das **Studio de l'Ermitage**: ein Konzert-, Film- und Theatersaal. Das Programm findest du auf der Website. Die kleine Straße Villa l'Ermitage bietet ländlichen Charakter mitten in Paris. Hier kann man einfach schön entlang schlendern, um die Graffitikunst zu bewundern oder Fotos von den typischen Häuschen mit bunten Fensterläden zu machen. Vielleicht triffst du auf einen Künstler bei der Arbeit.
8, Rue de l'Ermitage, 20. Arr., www.studio-ermitage.com, geöffnet täglich 20.30–2.00 Uhr, Eintritt € 8–15, Metro 2 Ménilmontant, 11 Jourdain, 3 Gambetta

⑧ Der sonntägliche Jazz-Brunch beim **La Bellevilloise** ist immer gut besucht. Unter den Olivenbäumen in der Halle des Olivier genießt du ein Buffet mit französischen Süßigkeiten und herzhaften Häppchen. Schau dir das Programm an, um zu entdecken, was in diesem Kulturzentrum noch geboten wird: Ausstellungen, Tanz, Konzerte, Disco … alles ist möglich. Das Publikum im La Bellevilloise ist hip und alternativ. Auch **La Maroquinerie** (23, Rue Boyer) ist solch ein Kulturzentrum mit Restaurant, in dem du einen tollen Abend verbringen kannst.
19–21, Rue Boyer, 19. Arr., www.labellevilloise.com, geöffnet Do.–Sa. 18.30–1.00 Uhr, So. 11.30–14.00 Uhr, Eintritt € 10–20, Jazzbrunch € 29, Metro 2 Ménilmontant, 11 Jourdain, 3 Gambetta

⑪ Der **Parc de Belleville** wurde 1988 an einem steilen Hügel angelegt. Er ist der höchstgelegene Park von Paris. Auch wenn er klein ist, kann man einen Besuch nur empfehlen. Schon wegen der phänomenalen Aussicht über die Stadt. Hier schlenderst du über schöne Wege und Treppen an Brunnen entlang, die früher für die Wasserversorgung der Stadt sorgten, und sogar an Wasserfällen.
Rue Piat, Rue des Couronnes, Rue Julien-Lacroix, 20. Arr., https://de.parisinfo.com/museen-sehenswurdigkeiten-paris/71357/Parc-de-Belleville, täglich geöffnet, genaue Zeiten auf der Website, Eintritt frei, Metro 11 Pyrénées, 12 Couronnes

⑮ Die **Place Sainte-Marthe** ist eine sorgsam verborgene Perle von Paris. Genieß hier in einem der beiden Bistros die Ruhe. Auf dem Platz sind häufig Musiker, manchmal sogar kleine Theatervorstellungen.
Place Sainte-Marthe, 10. Arr., Metro 2 Colonel Fabien/Belleville

⑰ Der **Canal Saint-Martin**, angelegt zwischen 1821 und 1825, ist gut 4 Kilometer lang. Ein Schleusensystem reguliert den Wasserstand, da der Höhenunterschied über 25 Meter beträgt. Die schönen gusseisernen Brücken dienten oft als Filmkulisse. So wirft die Hauptperson aus „Die fabelhafte Welt der Amelie" hier Steinchen ins Wasser. Die Umgebung des Kanals ist sehr angesagt. Daher gibt es auch viele hübsche Cafés und schöne Kleiderläden.

Le Canal Saint-Martin, 10. Arr., Metro 3, 5, 8, 9, 11 République, 11 Goncourt

⑱ **Le Comptoir Général** lässt sich nur schwer in eine Schublade stecken. Es ist ein alternativer Hub, wie es ihn in Berlin oder Barcelona, selten jedoch in Paris gibt. Dieses Kulturzentrum in einem alten Stall mit 600 Quadratmetern Fläche ist im französisch-afrikanischen Kolonialstil eingerichtet. Der Shabby-Chique-Style sorgt für eine geheimnisvolle Atmosphäre mit verborgenen Winkeln. Ein toller Ort für Aperitif, Brunch, kulturelle Lesungen oder Filme.

80, Quai de Jemmapes, 10. Arr., www.lecomptoirgeneral.com, geöffnet Di.–Mi. 18.00–1.00 Uhr, Do.–Fr. 18.00–2.00 Uhr, Sa. 11.00–2.00 Uhr, So. 11.00–1.00 Uhr, freiwilliger Betrag, Metro 3, 5, 8, 9, 11 République, 11 Goncourt

㉞ Die **Gossima Ping Pong Bar** ist die erste Pingpong-Bar von Paris. Eine Bar, in der du nicht nur etwas trinken, sondern auch Tischtennis spielen kannst. In einem riesigen Raum mit mehreren Tischtennisplatten kannst du mit Freunden eine Runde spielen. Mal etwas anderes als ein Billardcafé! Freitags wird manchmal ein Pingpong-Soul-Discoabend veranstaltet. Das Publikum besteht aus Zwanzig- und Dreißigjährigen. Schon bei der Eröffnung 2014 wurde Gossima zum beliebten Hotspot.

4, Rue Victor Gelez, 11. Arr., www.gossima.fr, Telefon 0148074335, geöffnet Mo. 16.00–0.00 Uhr, Di.–Sa. 16.00–2.00 Uhr, Eintritt frei, Miete Tischtennisplatte € 6, Metro 2 Ménilmontant, 3 Rue Saint-Maur

A lazy afternoon

WAS ES SONST NOCH GIBT

Wenn du den Strecken aus diesem Guide folgst, kommst du automatisch an den Highlights der Stadt vorbei. Aber natürlich gibt es auch neben diesen Touren noch viele Orte und Sehenswürdigkeiten, die einen Besuch lohnen. Sie werden hier kurz vorgestellt. Achtung, einige sind vom Zentrum schwer zu Fuß erreichbar, aber mit den öffentlichen Verkehrsmitteln kommst du gut dorthin.

Ⓐ Im 18. Arrondissement beschloss man 2014, den alten, verfallenen Bahnhof der Linie „la petite ceinture" im Norden von Paris aufzuhübschen. Jetzt kannst du bei **La Recyclerie** brunchen (samstags und sonntags), zu Mittag und zu Abend essen oder etwas trinken. Ein herrlicher Ort für einen schönen Sommerabend. Regelmäßig werden Flohmärkte und Workshops veranstaltet. Du kannst den Besuch mit dem Flohmarkt Marché aux Puces de Saint-Ouen verbinden.
83, Boulevard Ornano, 18. Arr., www.larecyclerie.com, geöffnet täglich 12.00–22.00 Uhr, Preis Lunch € 13,90, Brunch € 23, Metro 4 Porte de Clignancourt

Ⓑ Auf den *marchés aux puces* (Flohmärkten) findest du gute Qualität, rechne aber nicht mit Schnäppchen! Der größte Antik- und Flohmarkt von Paris ist der **Marché aux Puces de Saint-Ouen**: ein ganzes Dorf mit Antikläden. Dieser Flohmarkt diente oft als Filmkulisse, zum Beispiel für *Midnight in Paris*. Hier findest du auch nette Cafés, wie das Chez Louisette (136, Avenue Michelet).
Avenue de la Porte de Clignancourt, 18. Arr., www.pucesdeparissaintouen.com, geöffnet Mo. 11.00–17.00 Uhr, Fr. 8.00–12.00 Uhr, Sa.–So. 10.00–18.00 Uhr, Metro 4 Porte de Clignancourt

Ⓒ Mitten im Bois de Boulogne liegt das Museum **Fondation Louis Vuitton**, das 2015 eröffnet wurde. Schon der Anblick des futuristischen Gebäudes, entworfen von Frank Gehry, ist einen Besuch wert. Gezeigt werden eine ständige Sammlung und wechselnde Ausstellungen moderner und zeitgenössischer Kunst. Im Restaurant **Le Frank** kannst du ausgezeichnet zu Mittag essen, Mittwoch- und Donnerstagabend gibt es ein Themendinner (Reservieren obligatorisch).
8, Avenue du Mahatma Gandhi, 16. Arr., www.fondationlouisvuitton.fr, geöffnet Mo.–Do. 10.00–20.00 Uhr, Fr. 10.00–23.00 Uhr, Sa.–So. 9.00–21.000 Uhr, Eintritt € 16, Metro 1 Les Sablons (+ 15 Min. Fußweg) oder Pendelbus ab Place Charles de Gaulle

B

Ⓓ **La Cinémathèque Française** befindet sich im ehemaligen Centre Culturel Américain, ein Entwurf des Architekten Frank Gehry. Das Archiv umfasst gut vierzigtausend Filme und eine riesige Sammlung Dokumente, Manuskripte und Plakate. Geboten werden neben der ständigen Ausstellung zur Filmgeschichte Präsentationen mit einzigartigen Filmvorführungen und Lesungen.

51, Rue de Bercy, 12. Arr., www.cinematheque.fr, geöffnet Mo. & Mi.–Fr. 12.00–19.00 Uhr, Sa.–So. 11.00–20.00 Uhr, Eintritt Museum € 10, Film € 7, Metro 6, 14 Bercy

Ⓔ Über **Le Viaduc des Arts** führte ab 1859 bis 1969 eine Eisenbahnlinie. 1996 wurde er in die *Promenade Plantée* verwandelt, einen Park mit 4,5 Kilometern Länge. Nimm die Treppe am Anfang der Straße und unternimm einen Spaziergang an den 64 Gewölben aus rotem Backstein. Im Inneren befinden sich Ateliers und Geschäfte.

Avenue Daumesnil, 12. Arr., www.leviaducdesarts.com, geöffnet Mo.–Sa. 9.00–18.00 Uhr, Eintritt frei, Metro 1, 5, 8 Bastille

Ⓕ Der futuristische **Parc de la Villette** steht im Zeichen von Wissenschaft und Kunst. Er existiert seit 1986 und bietet einen Spielplatz, Konzertsaal, ein IMAX-Kino (la Géode) und diverse Museen. Besuch zum Beispiel das **Cité des sciences et de l'industrie** (Wissenschaftsmuseum) und das **Cité de la musique/Philharmonie de Paris** (Musikmuseum). Im Park finden Veranstaltungen statt, zum Beispiel das (kostenlose) Freiluftkino im Juli und August (siehe Website). Auf der Website findest du das aktuelle Programm. Im Parc de la Villette kannst du leicht einen ganzen Tag verbringen!

211, Avenue Jean Jaurès, 19. Arr., www.villette.com, Telefon 0140037575, geöffnet täglich, Eintritt Park frei, Museen € 7–16, Metro 5 Porte de Pantin, 7 Porte de la Villette

Ⓖ **La Tour Montparnasse** ist ein typisches Denkmal des 20. Jahrhunderts: 209 Meter hoch, mit dem schnellsten Lift Europas, der dich in nur 38 Sekunden nach oben bringt. Auf der 56. Etage hast du einen fantastischen Panoramablick, bei klarem Wetter sogar über die komplette Île de France. Du kannst 40 Kilometer weit schauen. Wer sich traut, besucht die offene Terrasse, noch zwei Etagen höher.

33, Avenue du Maine, 15. Arr., www.tourmontparnasse56.com, geöffnet täglich 11.00–22.30 Uhr, Eintritt € 17, Metro 4, 6, 12, 13 Montparnasse-Bienvenüe

Ⓗ Wag dich in die Pariser Unterwelt (und das trotz der Schlange)! Steig 91 Stufen hinab in ein unterirdisches Totenreich und besichtige die Knochen, die von alten Friedhöfen stammen. Über **Les Catacombes** sind viele Mythen im Umlauf … Es ist kühl, also einen Pullover oder eine Jacke mitbringen.

1, Avenue du Colonel Henri Rol-Tanguy, 14. Arr., www.catacombes.paris.fr, geöffnet Di.–So. 9.45–20.30 Uhr, Eintritt € 29, Metro 4, 6 Denfert-Rochereau

Ⓘ Das **Musée Jacquemart-André** war ursprünglich die Privatresidenz enthusiastischer Kunstsammler. Hier werden diverse Sammlungen mit Kunstwerken aus dem 18. Jahrhundert und der italienischen Renaissance präsentiert. Der luxuriöse Teesalon lädt zur Pause bei einer Stärkung ein. Sonntags kann man hier auch herrlich brunchen.

158, Boulevard Haussmann, 8. Arr., www.musee-jacquemart-andre.com, geöffnet Mo. 10.00–20.30 Uhr, Di.–So. 10.00–18.00 Uhr, Eintritt € 17, Metro 9, 13 Miromesnil

Ⓙ Der **Marché d'Aligre** ist ein quirliger Gemüsemarkt, der jeden Samstag- und Sonntagmorgen für ein herrlich turbulentes Straßenbild sorgt. Die Anwohner treffen sich, sprechen über die vergangene Woche, während Sie einen Wein beim **Le Baron Rouge** genießen (1, Rue Théophile Roussel), einem der vielen Cafés am Markt. Während der Mittagspause ab 13 Uhr ist der überdachte Teil geschlossen.
Marché d'Aligre, geöffnet Markthalle Di.–Fr. 9.00–13.00 & 16.00–17.30 Uhr, Sa. 9.00–13.00 & 15.30–19.30 Uhr, So. 9.00–13.30 Uhr, Markt im Freien Di.–Fr. 7.30–13.30 Uhr, Sa.–So. 7.30–14.30 Uhr, Metro 8 Ledru-Rollin

Ⓚ Das **Musée Marmottan Monet** ist vor allem für seine Sammlung von Werken des Malers Claude Monet bekannt. Außerdem erlebst du in diesem prächtigen Gebäude aus dem 19. Jahrhundert Kunst aus der Renaissance und dem Empire. Reservier dir einen Tisch im nahen Restaurant La Gare (19, Chaussee de la Muette). In diesem ehemaligen Bahnhof kannst du fantastisch essen.
2, Rue Louis Boilly, 16. Arr., www.marmottan.fr, geöffnet Di. bis Mi. & Sa.–So. 10.00–18.00 Uhr, Do. 10.00–21.00 Uhr, Eintritt € 12, Metro 9 La Muette

Ⓛ An der Metrostation Passy liegt direkt um die Ecke eine Art unterirdischer *Cave:* **Das Musée du Vin**. Besuch die interessante, gut gemachte Ausstellung über Weinherstellung, traditionelle Techniken und alle Objekte, die dazu gehören. Es ist nicht groß – es genügt, wenn du eine Dreiviertelstunde einplanst.
5, Square Charles Dickens, 16. Arr., www.museeduvinparis.com, Museum geöffnet Di.–Sa. 10.00–18.00 Uhr, Restaurant Di.–Sa. 12.00–15.00 Uhr, Eintritt Museum € 12,50, Metro 6 Passy

Ⓜ In einer halben Stunde erreichst du von Paris die Stadt Versailles, bekannt für das großartige **Château de Versailles**. Dieses Schloss von 1631 blickt auf eine reiche Geschichte zurück. Von hier wurde Frankreich 1681 bis 1789 regiert. Der imposante Palast mit seinem riesigen Garten hinterlässt einen tiefen Eindruck. Im Sommer wird abends Feuerwerk geboten. Tipp: Tickets vorher online kaufen.
Place d'Armes, Versailles, www.chateauversailles.fr, Telefon 0130837800, Schloss geöffnet Apr.–Okt. Di.–So. 9.00–18.30 Uhr, Park täglich 8.00–20.30 Uhr, Nov.–März Schloss Di.–So. 9.00–17.30 Uhr, Park täglich 8.00–18.00 Uhr, Eintritt Park frei, Schloss € 18 (erster So. im Monat frei), RER C ab Saint-Michel oder Champ de Mars nach Versailles Rive Gauche/Transilien ab Saint-Lazar

DOURONE

LOUVRE-RIVOLI

REGISTER

SHOPPEN

FREIZEITTIPPS

VERKEHRSMITTEL

IN GLEICHER REIHE

ISBN 978-3-7343-2021-7

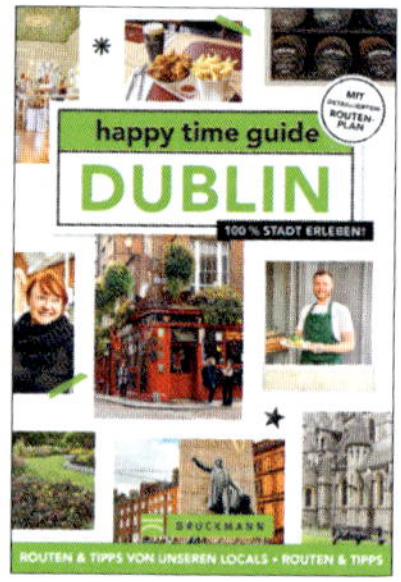

ISBN 978-3-7343-2583-0

ISBN 978-3-7343-1878-8

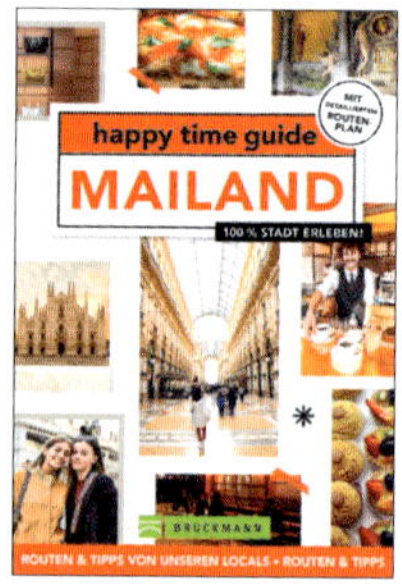

ISBN 978-3-7343-2582-3

Happy time guide – mehr als ein Reiseführer!

Der happy time guide nimmt dich mit auf unterschiedliche Spaziergänge, auf denen du die Stadt in deinem eigenen Tempo entdeckst und den Lebensstil der Locals kennenlernst. Und das alles, ohne dich vorbereiten zu müssen! Alle Adressen sind persönliche Empfehlungen der Autoren, die in der Stadt leben. Mit inspirierenden Bildern und praktischen Ausklappkarten.

BRUCKMANN

www.bruckmann.de

ERSCHIENEN

ISBN 978-3-7343-2581-6

ISBN 978-3-7343-2576-2

ISBN 978-3-7343-2580-9

ISBN 978-3-7343-2579-3

ISBN 978-3-7343-2578-6

ISBN 978-3-7343-2577-9

IMPRESSUM

Diese Ausgabe wird herausgegeben vom Bruckmann Verlag GmbH,
in Kooperation mit »time to momo«.
Autorin: Roosje Nieman
Fotos: Vincent van den Hoogen, Dani van Oeffelen, Duncan de Fey
Layout: Studio 100%, Oranje Vormgevers
Kartografie: Van Oort redactie en kartografie
Repro: Marcel Beijnsberger/LUDWIG:media

DEUTSCHE AUSGABE

Verantwortlich: Claudia Hohdorf
Übersetzung: Elke Adams
Redaktion: Dr. Rainer Schöttle
Korrektorat: Anke Höhne,
Christiane Gsänger
Satz: Silke Schüler
Repro: LUDWIG:media
Herstellung: Alexander Knoll
Printed in Slovenia by Florjancic

ISBN 978-3-7343-1883-2

★★★★★

Sind Sie mit diesem Titel zufrieden? Dann würden wir uns über Ihre Weiterempfehlung freuen. Erzählen Sie es im Freundeskreis, berichten Sie Ihrem Buchhändler, oder bewerten Sie bei Onlinekauf. Und wenn Sie Kritik, Korrekturen, Aktualisierungen haben, freuen wir uns über Ihre Nachricht an Bruckmann Verlag, Postfach 40 02 09, D-80702 München oder per E-Mail an lektorat@verlagshaus.de.

Unser komplettes Programm finden Sie unter www.bruckmann.de

Alle Angaben dieses Werkes wurden von der Autorin sorgfältig recherchiert und auf den neuesten Stand gebracht sowie vom Verlag geprüft. Für die Richtigkeit der Angaben kann jedoch keine Haftung übernommen werden, weshalb die Nutzung auf eigene Gefahr erfolgt. Insbesondere bei GPS-Daten können Abweichungen nicht ausgeschlossen werden. Sollte diese Werk Links auf Webseiten Dritter enthalten, so machen wir uns die Inhalte nicht zu eigen und übernehmen für die Inhalte keine Haftung.

In diesem Buch wird aus Gründen der besseren Lesbarkeit das generische Maskulinum verwendet. Weibliche und anderweitige Geschlechteridentitäten werden dabei ausdrücklich mitgemeint, soweit es für die Aussage erforderlich ist.

Die Deutsche Nationalbibliothek verzeichnet diese Publikation in der Deutschen Nationalbibliografie; detaillierte bibliografische Daten sind im Internet über http://dnb.d-nb.de abrufbar.